박영규 선생님의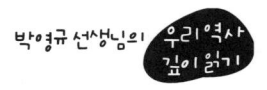

고구려사 이야기 2
봉상왕부터 보장왕까지

그린이 **이은하**

경상남도 진해에서 태어났습니다.
현재 홍익대학교 미술대학원 회화과에 재학 중이며,
대한민국 미술대전에서 입상하였습니다.
지금은 일산에서 작품 활동을 하고 있습니다.

박영규 선생님의 우리 역사 깊이 읽기
고구려사 이야기 2
봉상왕부터 보장왕까지

1판 1쇄 인쇄 | 2006. 11. 1
1판 13쇄 발행 | 2013. 7. 11

박영규 글 | 이은하 그림

발행처 | 김영사
발행인 | 박은주
편 집 | 배수원 김현정 김순미 황은주 김은중 김지아 박경은
디자인 | 디자인우디
마케팅 | 김광진 박광운 유승아
제 작 | 안해룡 박상현
사진제공 | 권태균 국립중앙박물관 연합뉴스
등록번호 | 제406-2003-036호
등록일자 | 1979. 5. 17
주 소 | 경기도 파주시 교하읍 문발리 파주출판단지 515-1 (우413-756)
전 화 | 마케팅부 031-955-3102 편집부 031-955-3113~20
팩 스 | 031-955-3111

ⓒ 2006 박영규
이 책의 저작권은 저자에게 있습니다.
저자와 출판사의 허락 없이 내용의 일부를 인용하거나 발췌하는 것을 금합니다.

값은 표지에 있습니다.
ISBN 978-89-349-2305-3 73900
ISBN 978-89-349-1949-0 73900(세트)

좋은 독자가 좋은 책을 만듭니다.
김영사는 독자 여러분의 의견에 항상 귀 기울이고 있습니다.
독자의견전화 | 031-955-3112
전자우편 | book@gimmyoung.com
홈페이지 | www.gimmyoungjr.com

박영규 선생님의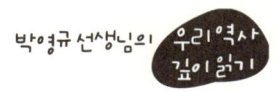

고구려사 이야기 2
봉상왕부터 보장왕까지

주니어김영사

글쓴이의 말

역사를 도둑질 당하지 않으려면 제대로 알아야 한다

중국이 고구려사를 훔쳐가려 한다는 말을 듣고 온 국민이 분노하고 있다. 하지만 필자는 오히려 그런 중국이 고맙다. 고구려사를 훔쳐가려는 그들에게 절이라도 하고 싶은 심정이다.

도대체 무슨 소리냐며 필자를 이상한 눈으로 쳐다보는 사람들이 있을 줄로 안다. 그러나 생각해보라. 우리 역사상 이렇게 고구려 역사에 깊은 관심을 가졌던 시절이 있었는지.

요즘 텔레비전에는 고구려 이야기가 자주 등장한다. 방송사들은 약속이라도 한 듯이 주몽, 연개소문, 대조영 등의 사극을 통해 고구려사를 조명하고 있다. 그야말로 온 국민의 눈과 귀가 고구려사에 쏠리게 되지 않았는가? 그러니 역사를 도둑질 해 가려는 중국이 오히려 고맙다는 것이다.

역사는 다른 학문과 달리 주인이 있는 학문이다. 그러나 역사는 그냥 자기 것이라고 아무 관심도 없이 내버려두면 남의 것이 되는 특이한 학문이다. 원나라의 역사는 몽골의 역사지만 몽골보다 중국이 더 많은 관심을 가지고 있었기에 중국의 역사가 되어버렸다. 고구려사도 무관심 속에 내버려두면 언제 그렇게 될 지 알 수 없다.

고구려사를 우리 역사로 유지시키려면 우선 모든 국민이 고구려에 대해서 알아야 한다. 그리고 고구려사에 대해 깊은 관심과 애착을 가져야 한다.

그런데 우리의 실정은 어떠한가? 고구려 역사를 연구하는 사람 중에 한국인보다 중국인이 더 많다는 사실을 아는 사람은 별로 없을 것이다. 이렇듯 고구려에 대해서 무관심하니, 고구려사를 빼앗으려고 덤벼드는 자들이 생기는 것이다.

서점에 가서 제대로 된 고구려 역사책이 몇 권이나 있는지 확인해 보면 우리가 얼마나 고구려에 대해서 무관심했는지 깨닫게 될 것이다.

고구려 역사를 체계적이고 정확하게 알려주는 책은 찾아보기 힘들다. 그나마 눈에 띄는 책도 요즘 드라마에서 뜨고 있는 몇몇 역사적 인물들을 다루고 있을 뿐이다.

더구나 어린이 책으로 눈을 돌려보면 상황은 더욱 열악하다. 고구려사를 제대로 다룬 역사책은 몇 권 되지도 않는데, 거기다 내용까지 엉터리인 경우가 허다하다. 어린이 책이라고 대충 재미 위주로 만든 책이 대다수라는 것이다.

우리 국민의 대다수는 어린 시절에만 역사책을 읽고 어른이 되면 거의 읽지 않는다. 따라서 역사 지식은 어릴 때 배운 것이 거의 전부라고 할 수 있다. 어린이 역사책이 잘못 만들어지면 우리나라의 역사 교육 자체가 잘못되는 셈이다.

이번에 내놓는 《고구려사 이야기》는 어린이를 위한 우리 역사 깊이 읽기 시리즈 12권을 완성하는 의미를 갖는다. 역사를 지키는 힘은 제대로 아는 것에 있는 만큼 이 책이 부디 중국의 고구려사 도둑질을 막는 방패 역할을 할 수 있길 바란다.

박영규

차례

제14대 봉상왕실록
나라를 돌보지 않은 봉상왕 8
봉상왕 가계도 20

제15대 미천왕실록
소금 장수에서 왕이 된 미천왕 22
미천왕 가계도 34

제16대 고국원왕실록
백제 군에게 죽음을 당한 고국원왕 36
고국원왕 가계도 44

제17대 소수림왕실록
문화 외교를 펼친 소수림왕 46
소수림왕 가계도 54

제18대 고국양왕실록
동시에 두 나라와 싸운 고국양왕 56
고국양왕 가계도 62

제19대 광개토왕실록
고구려의 기상을 높인 광개토왕 64
광개토왕 가계도 86

고구려사 깊이 읽기
광개토왕릉비를 통해
　　　알 수 있는 것은 무엇일까? 88

제20대 장수왕실록
남쪽으로 영토를 넓힌 장수왕 92

장수왕 가계도 106

제21대 문자명왕실록
시련을 딛고 태평성대를
　　　이룩한 문자명왕 108

문자명왕 가계도 114

제22대 안장왕실록
중립 외교를 펼친 안장왕 116

안장왕 가계도 122

제23대 안원왕실록
자연재해에 시달린 안원왕 124

안원왕 가계도 128

제24대 양원왕실록
불안 속에서 왕위에
　　　머문 양원왕 130

양원왕 가계도 138

제25대 평원왕실록
전쟁을 피하고
　　　힘을 키운 평원왕 140

평원왕 가계도 150

제26대 영양왕실록
수나라와의 전쟁에서
　　　이긴 영양왕 152

영양왕 가계도 170

고구려사 깊이 읽기
고구려 왕릉은
　　　어떤 모습이었을까? 172

제27대 영류왕실록
당나라에 무릎 꿇은 영류왕 178

영류왕 가계도 190

제28대 보장왕실록
고구려의 마지막 왕 보장왕 192

보장왕 가계도 214

제14대 봉상왕실록

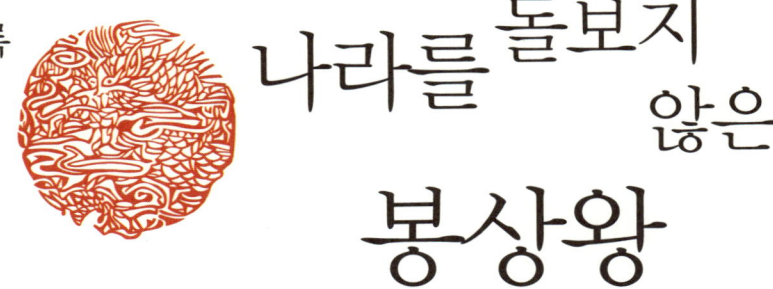

삼촌을 죽인 비정한 왕

서천왕의 맏아들인 봉상왕[1]이 왕위에 오를 무렵, 고구려에는 백성들의 존경과 사랑을 한 몸에 받던 영웅이 있었다. 그는 서천왕의 동생이자 봉상왕의 삼촌인 달가였다.

"달가 장군이 있어서 얼마나 마음이 놓이는지 몰라."

"아무렴, 그렇고말고. 달가 장군이 북방을 정벌했으니 그 누가 우리나라를 넘보겠어?"

달가는 서천왕 시절에 고구려 북방의 숙신[2] 세력을 무찌르고 영토를 넓히는 데 크게 공을 세운 장수였다. 백성들은 달가의 활약 덕분에 외적의 위협으로부터 안전할 수 있었다.

하지만 봉상왕은 백성들의 칭송을 듣는 달가를 못마땅하게

---

1. 봉상왕 (?~300)
고구려 제14대 왕(재위 기간 292~300)이다. 서천왕과 왕후 우씨의 맏아들로 이름은 상부 또는 삽시루다. 친족을 죽이는 일도 서슴지 않았던 폭군으로 창조리의 반란에 의해 왕위에서 쫓겨났다.

2. 숙신
만주 북동 지역에서 활동한 민족이다. 고구려 서천왕 때 일부가 정복되었으며, 광개토왕 때 고구려에 완전히 속하게 되었다. 뒤에 일어난 읍루, 말갈의 선조로 여겨지기도 한다.

여겼다.

'백성들이 나보다 달가 삼촌을 더 좋아하니 어찌 왕의 권위가 설 수 있겠어? 달가 삼촌을 그대로 두면 언젠가는 백성들이 그를 왕으로 삼으려 할지도 몰라.'

사실 봉상왕이 달가를 질투한 것은 태자 시절부터였다.

"달가 장군이 숙신족을 쫓아내고 그 땅을 직접 다스린대."

"달가 장군의 덕이 높아 북방 사람들이 모두 평안하다는군."

달가는 북방을 정벌했을 뿐만 아니라, 그곳에서 군사를 거느리며 사람들을 다스렸다. 이때 달가는 뛰어난 능력을 발휘해 북방 사람들은 물론 고구려 백성들의 입에 그 이름이 널리 오르내렸다.

태자로 있던 봉상왕은 이런 달가를 보며 늘 불안해했다.

'달가 삼촌 때문에 내가 왕이 되지 못하는 것은 아닐까?'

하지만 달가는 왕위를 탐내지 않았기 때문에 봉상왕이 왕위에 오르는 데는 아무런 문제가 없었다.

하지만 봉상왕은 불안을 떨쳐 버리지 못하고 달가를 기어코 죽이려 했다. 그리하여 왕위에 오르자마자 명령을 내렸다.

"달가가 반란을 꾀하려 했으니 그를 당장 잡아들여 목을 쳐라."

봉상왕은 달가에 대한 질투심에 사로잡혀 결국 반란죄를 뒤집어씌워 죽여 버렸다.

봉상왕이 달가를 죽이자 백성들은 땅을 치며 한탄했다.

"제 삼촌에게 죄를 씌워 죽였으니, 봉상왕은 그야말로 폭군이 아닌가?"

"이제 달가 장군이 없으니 누가 북방의 외적을 막아 낸단 말인가?"

백성들은 고구려의 평안을 지켜 주던 달가 장군이 사라지자 왕을 원망하며 불안에 떨기 시작했다. 그러자 조정의 신하들도 힘을 하나로 모으지 못하고 갈팡질팡했으니, 나라 전체가 뒤숭숭했다.

백성들이 불안해하는 데는 이유가 있었다. 고구려 북방에는 선비족이 크게 세력을 키우고 있어서 언제 고구려에 쳐들어올지 알 수 없었다.

선비족은 달가 장군이 죽은 뒤 고구려가 혼란해진 틈을 놓치지 않았다. 그들은 봉상왕이 왕위에 오르고 1년 반이 지난 293년 8월 고구려를 쳐들어왔다.

선비족의 침입과 고노자의 활약

"고구려의 영웅 달가는 죽었고 고구려는 혼란에 빠졌다. 지금이 고구려를 칠 좋은 기회다."

선비족의 추장으로서 부여의 왕을 죽이고 세력을 키워 진과 고구려 변방을 노략질하던 모용외는 293년 8월 평양성으로 군사를 몰았다.

"모용외가 이끄는 선비족 군사들이 무서운 기세로 쳐들어오고 있습니다. 대왕께서는 안전한 곳으로 자리를 피하시옵소서."

선비족의 갑작스런 침입에 당황한 신하들은 봉상왕에게 도망갈 것을 권했다.

"그러면 내가 어디로 가야 한단 말이냐?"

봉상왕의 물음에 신하들이 대답했다.

"북방의 신성으로 피하시옵소서."

봉상왕은 서둘러 신성으로 피난길을 떠났다.

이 소식을 들은 모용외는 평양 진격을 멈추고 군사들에게 명령했다.

"고구려 왕이 신성으로 달아나고 있다. 그가 신성에 들어가기 전에 우리가 달려가서 잡아 해치우면 승리는 우리 것이 된다. 모든 군사는 즉시 고구려 왕을 뒤쫓아라."

정신없이 신성으로 달아나던 봉상왕과 조정 신하들은 모용외 군사가 뒤쫓아 오고 있다는 말을 듣고 겁에 질렸다. 고구려 왕과 신하들이 한꺼번에 죽음을 당할 수도 있는 위기의 순간이었다. 이때 이들을 구한 사람은 신성의 관리로 있던 장수, 고노자였다.

"대왕께서 무사히 도착하실 수 있게 모시러 갈 것이니 군사들은 나를 따르라."

고노자는 기병 500명을 이끌고 봉상왕과 조정 신하들을 맞이하는 한편, 뒤쫓아 오는 모용외 군대에 맞섰다. 모용외의 선비족 군사들은 말을 잘 다루고 용맹해 그 기세가 만만치 않았다. 하지만 고노자는 뛰어난 전술과 통솔력으로 이들을 물리치는 데 성공했다.

고노자가 모용외 군대를 몰아냈다는 소식을 들은 봉상왕은 크게 기뻐하며 소리쳤다.

"오오, 고노자는 나와 나라를 구한 영웅이로다. 그에게 땅과 벼슬을 내리도록 하라."

봉상왕은 다시 평양성으로 돌아왔지만 민심은 흉흉하기만 했다.

"왕이 제대로 싸워 보지도 않고 도망부터 갔으니, 우리는 누구를 믿고 산단 말인가?"

"모용외는 반드시 다시 쳐들어올 것이야. 불안해서 살 수가 없어."

이렇게 백성들이 불안에 떨면서 하는 말을 전해 들은 봉상왕은 또 다른 불안에 휩싸였다.

"백성들이 불안해하니 분명히 누군가가 반란을 일으켜 나를 내쫓으려 할 게야. 나를 내쫓는다면 왕이 될 인물은 돌고밖에 없으니 돌고를 해치워야겠어."

돌고는 봉상왕의 친동생이었다. 봉상왕은 전쟁의 위협으로 불안해하는 백성을 안심시킬 생각은 하지 않고 돌고에게 반란 죄를 뒤집어씌웠다.

"돌고가 반란을 꾀하고 있으니 당장 잡아들여라."

돌고가 잡혀 오자 봉상왕은 그에게 명령했다.

"네가 반란을 일으켜 왕위를 차지하려 했다는 것을 잘 알고 있다. 왕족으로서 명예롭게 죽을 기회를 줄 테니 너는 스스로 목숨을 끊도록 해라."

돌고는 억울하기 그지없었지만 살아날 방법이 없어 스스로 목숨을 끊었다. 이때 돌고의 아들 을불은 시골로 도망가서 몸을 숨긴 덕에 겨우 목숨을 건질 수 있었다.

이 일로 백성들의 불안은 더욱 커졌다.

"왕이 나라를 지킬 궁리는 하지 않고 애꿎은 사람만 잡으니 이 나라가 어찌 될 것인가?"

"제 삼촌과 동생을 죽인 폭군 때문에 이 나라는 곧 망하고 말 것이야."

백성들이 계속 불안해하며 나라가 어지러워지자 모용외 군대는 또다시 쳐들어왔다. 때는 296년 8월이었다. 모용외 군대는 막힘없이 고구려 변방을 통과해 고국원에까지 이르렀다.

이때 모용외의 부하가 와서 말했다.

"고구려 서천왕의 능을 발견했습니다."

그러자 모용외가 말했다.

"서천왕은 북방을 정벌한 고구려 왕이다. 그의 능을 파헤쳐 고구려에게 두려움과 수치를 안겨 주도록 하라."

모용외 군사들이 서천왕의 능을 파헤치기 시작하니, 이는 고구려에게 씻을 수 없는 수치를 안겨 주는 일이었다. 다행히 이때 부랴부랴 나선 고구려 군사들이 풍악을 울리며 모용외 군대에게 달려들었다.

무덤을 파헤치던 모용외 군사들은 갑작스레 풍악이 울리자 무덤에서 나는 소리인 줄 알고 겁을 먹었다.

"무덤에서 귀신이 나타났다."

"무덤을 파헤치던 사람이 죽었다."

모용외 군사들은 이렇게 외치며 걸음아 날 살려라 하고 꽁지 빠지게 달아났다. 서천왕의 무덤을 파헤치기 직전에 겨우 그들을 몰아낸 것이다.

모용외 군사가 물러간 뒤 봉상왕은 조정 신하들을 불러 모아 말했다.

"모용외 군대가 이제 선왕(서천왕)의 능까지 파헤치려 했으니 선조들 앞에 내가 어찌 고개를 들 수 있겠는가? 그대들은 저들의 침입을 막을 대책을 내놓도록 하라."

선비족의 침입을 두 차례나 겪고서야 겁에 질린 봉상왕은 대책을 고민했다.

이때 국상* 창조리가 나서서 말했다.

"고노자를 신성의 태수로 삼고 그에게 북방을 맡게 하소서. 고노자는 기병 500명으로 모용외 군대를 물리친 훌륭한 장수이니 적들이 그를 두려워해 함부로 쳐들어오지 못할 것이옵니다."

이 말에 봉상왕이 크게 기뻐하며 말했다.

"그래, 고노자가 있었지. 고노자를 신성 태수로 임명하니, 그에게 북방을 맡기노라."

고노자는 신성 태수가 되자 먼저 백성을 안심시키고 잘 보살피는 데 힘을 쏟았다. 그러자 백성들은 그를 칭송하며 따랐다. 또한 고노자는 군사들의 사기를 드높이고 늘 적의 침입에 대비했다. 그러자 선비족은 기병 500명으로 자신들을 단숨에 무찌른 고노자를 두려워하며 감히 쳐들어오지 못했다.

3. 국상
고구려의 으뜸 신하인 재상을 뜻한다.

고통에 빠진 백성과 창조리의 용기

고노자의 활약으로 선비족이 쳐들어오는 일은 없어졌지만 고구려의 어려움은 계속되었다. 298년 9월, 추수를 앞둔 때 서리와 우박이 내려 농사를 완전히 망쳐 버린 것이다. 이 때문에 굶주리는 백성이 늘어나고 국가 경제는 엉망이 되었다.

하지만 봉상왕은 백성들의 사정을 살필 생각은 하지 않고 엉뚱한 일을 벌였다.

"궁궐을 더 크게 지어 왕실의 권위를 드높이도록 하라."

백성은 굶주리는데 봉상왕은 그해 10월에 궁궐 공사를 벌였다. 봉상왕은 이를 위해 백성들을 강제로 공사에 동원하고 더 많은 세금을 거두어들였다.

"배고파 죽겠는데 궁궐을 지을 힘이 어디 있단 말인가?"

"농사를 다 망쳤는데, 무슨 수로 세금을 내라는 거야?"

백성들의 고통을 보다 못해 신하들은 궁궐 공사를 그만두라고 건의했다.

"농사를 망쳐 백성들의 사정이 어려우니 궁궐 공사는 멈추어 주시옵소서."

하지만 봉상왕은 신하들의 말을 듣기는커녕 누군가가 반란을 일으키지나 않을지 걱정했다.

"시끄럽다. 내가 왕실의 권위를 세우고자 하는데 어찌 반대하는 소리들이 나오는가? 이는 왕실의 권위를 깎아내려 반란을 일으키려는 자들이 있기 때문이다. 지난번에 반란을 일으킨 돌고는 죽었으나 그 아들이 살아 있으니 온 나라를 샅샅이 뒤져 그놈을 찾아내도록 하라."

봉상왕은 백성들의 신음 소리를 듣고도 이렇게 반란만 걱정하며 전국에 군사를 풀어 돌고의 아들 을불을 찾게 했다. 하지만 을불은 잡히지 않았다.

이런 가운데 299년 12월 고구려에 큰 지진이 닥쳤다. 수많은 집이 무너지고 사람들이 죽어 나갔다. 지진은 이듬해 정월에 다시 터졌으며 2월부터 7월까지 무려 5개월 동안 비가 내리지

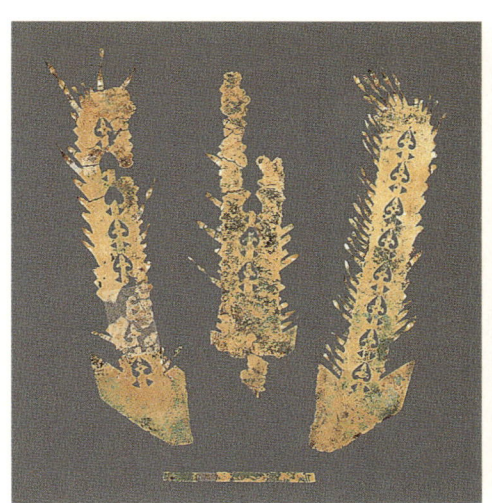

관 꾸미개와 귀고리

고구려의 왕과 귀족이 사용했던 금으로 만든 장신구다. 백제, 신라에 비해 장식이 많지 않고 단순한 것이 특징이다.

국립중앙박물관 소장

않아 가뭄이 계속되었다. 흉년이 심해 백성들이 서로 잡아먹는 지경에까지 이르렀다.

하지만 이런 상황에서도 봉상왕의 사치는 멈추지 않았다.

"열다섯 살 이상의 남녀는 모두 궁궐 공사에 동원하도록 하라."

봉상왕이 이런 명령을 내리자 많은 백성들은 고향을 떠나 떠돌거나 산속으로 들어가 버렸다.

이때 고구려 국상으로 있던 창조리는 도저히 참을 수 없어 봉상왕 앞에 홀로 나아가 말했다.

"목숨을 걸고 대왕께 한 말씀 드리고자 합니다."

당시 신하들은 봉상왕이 무서워 감히 누구도 나서서 말을 하지 못했다.

봉상왕은 무서운 눈초리로 창조리를 노려보며 말했다.

"말해 보라."

그러자 창조리는 꼿꼿한 태도로 말하기 시작했다.

"지진과 가뭄이 일어나고 흉년이 심해 백성들은 살 곳을 잃고 있습니다. 그리하여 젊은이는 사방으로 흩어지고 늙은이나 어린이는 계곡과 수렁을 헤매고 있으니, 지금은 실로 하늘을 두려워하고 백성을 걱정해 반성해야 할 때입니다. 그런데 대왕께서는 이 같은 사정을 생각하지 않고 굶주리는 백성들을 데려다가 나무를 깎고 돌 나르는 일을 시켜 괴롭히고 있습니다. 왕은 백성의 부모라 했는데, 이 같은 행동은 전혀 부모답지 않습니다. 더구나 지금 주변에는 강한 외적이 있습니다. 그들이 만약 이때를 노려 쳐들어온다면 왕실과 백성이 어떻게 되겠습니까? 대왕께서는 이를 깊이 생각하소서."

봉상왕은 이 말을 듣고 크게 화를 내며 소리 질렀다.

"임금이란 백성들이 위로 떠받들어야 할 존재다. 그러므로 궁궐이 크고 화려하지 않으면 권위를 세울 수 없다. 지금 국상은 나를 비방해 미천한 백성들의 칭송이나 들으려 하는 것이 아닌가?"

창조리는 물러서지 않고 대답했다.

"임금이 백성을 걱정하지 않으면 어질지 못한 것이고, 신하가 임금에게 바른말을 올리지 않으면 충성하는 것이 아닙니다. 제가 국상 자리에 있으면서 크게 마음먹고 바른말을 올린 것인데, 어찌 이것이 백성의 칭송을 구하는 것이겠습니까?"

그러자 봉상왕은 무서운 표정으로 웃음을 흘리면서 말했다.

"국상은 백성을 위해 죽고 싶은 모양이군. 그렇지 않다면 다시는 내게 그 같은 말을 하지 마라. 다른 신하였으면 즉시 목을 쳤겠지만 국상이라 이번 한 번만 용서하겠노라."

창조리는 할 수 없이 물러 나와 한탄했다.

"아, 목숨을 걸고 바른말을 했으나 왕은 받아들일 생각은 하지 않고 나를 죽이려고만 하는구나. 이대로 가면 이 나라는 곧 망할 수밖에 없지 않겠는가?"

봉상왕의 횡포가 계속되고 백성들의 고통이 커져 가자 창조리는 마침내 큰 결심을 했다. 그는 가까운 신하들을 불러 모아 말했다.

"왕이 고통에 빠진 백성을 돌보지 않으니 이미 왕의 자격을 잃었소. 또한 왕이 나라를 돌보지 않으니 나라의 운명이 위태롭소. 이제 폭군을 몰아내고 백성과 나라를 구하고자 하니 나와 뜻을 함께합시다."

그러자 모여든 신하들이 말했다.

"국상의 뜻을 따르고자 합니다. 그런데 새로운 왕으로는 어떤 분을 세워야 하겠습니까?"

창조리가 대답했다.

"죽은 돌고 대군의 아드님이 있으니 그분을 내세우면 될 것입니다."

창조리가 왕으로 세우려 한 사람은 시골로 몸을 피해 숨은 을불이었다. 창조리는 곧 반란을 일으켜 봉상왕을 쫓아내는 데 성공하고 을불을 왕으로 세웠다.

20　고구려사 이야기

제14대 봉상왕 가계도

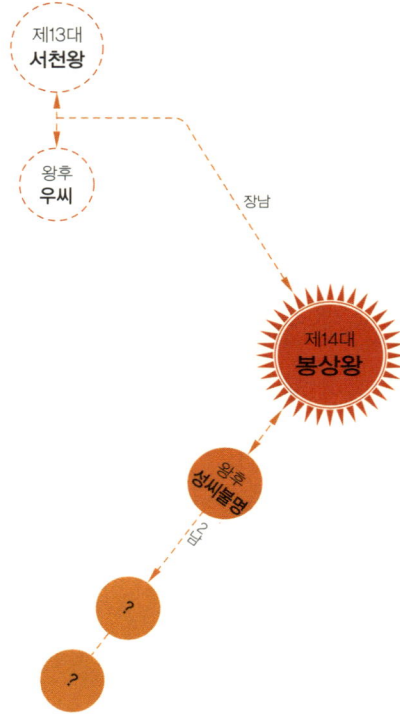

창조리의 반란이 어렵지 않게 성공할 수 있었던 것은 그가 고구려 최고 벼슬인 국상에 있었을 뿐 아니라 뜻을 함께한 사람들도 고구려 조정의 권력을 쥐고 있는 신하들이었기 때문이다. 이처럼 국상과 조정의 핵심 인물들이 직접 반란을 일으켜 왕을 쫓아낸 것은 이때가 처음이었다. 봉상왕이 그만큼 신하들에게 신뢰를 잃었다는 것이다.

창조리의 반란으로 왕위에서 쫓겨난 봉상왕은 비참한 신세가 되어 스스로 목숨을 끊은 것으로 알려진다.

제15대 미천왕실록

소금 장수에서 왕이 된 미천왕

미천왕시대의 세계 약사

중국 북방에서는 5호16국시대가 펼쳐지고 강남에서는 동진이 세워졌다. 5호16국시대란 흉노, 갈, 선비, 저, 강족 등의 변방 민족이 중원을 차지해 16국이 흥망을 거듭한 시대를 일컫는다.
서양의 로마에서는 디오클레티아누스 황제가 그리스도교를 박해하다가 물러났다. 그 뒤 여러 황제를 거쳐 황제 자리에 오른 콘스탄티누스는 그리스도교에 대한 박해를 그만두고, 밀라노 칙령을 공포했다. 로마의 수도는 비잔티움으로 옮겨져 콘스탄티노플이라는 이름으로 바뀌었다.

도망자 을불

293년 9월, 봉상왕은 동생인 돌고를 반란죄로 잡아들여 스스로 목숨을 끊게 했다.

이때 돌고에게는 아들이 있었는데, 그가 을불이다. 을불은 아버지가 잡혀가 죽자 시골로 도망가서 몸을 숨겼다. 을불의 7년 도망자 생활이 시작된 것이다.

을불이 처음 숨어든 곳은 '수실촌'이라는 마을이었다. 을불은 수실촌의 음모라는 사람 집에 찾아가 말했다.

"제가 가진 것은 없으나 젊고 일을 잘하니 이 집에서 머슴살이를 해도 되겠습니까?"

마침 머슴이 필요했던 음모가 말했다.

"그렇게 해라. 대신 게으름을 피워서는 안 된다."

음모는 사실 성질이 고약하고 심술궂은 사람이었다. 그는 별별 일을 다 시키며 을불을 못살게 굴었다.

"연못에서 개구리가 울면 잠을 잘 수 없으니 너는 밤마다 연못에 돌을 던져 개구리 소리가 나지 않게 해라."

음모는 낮에는 을불에게 나무를 해 오게 하고 밤에는 연못에 돌을 던지게 하는 등 잠시도 쉴 틈을 주지 않았다. 이 때문에 을불은 1년을 채 넘기지 못하고 음모의 집을 떠날 수 밖에 없었다.

음모의 집에서 나온 을불은 소금 장사를 했다. 압록에서 소금을 구해 가지고 주변 마을을 돌아다니며 장사를 했기 때문에 집도 따로 없었다.

그러던 어느 날 을불은 압록강 동쪽 사수촌에 머물게 되었다. 그 집 주인은 욕심이 많은 할머니였는데, 방세로 소금을 달라고 했다.

"내 집에 머무르는 대가로 소금 한 말을 내놓아라."

"그렇게 하겠습니다."

을불은 순순히 소금 한 말을 내놓았지만 할머니의 욕심은 멈추지 않았다. 할머니는 을불이 떠나려 할 때 그를 붙들고 다시 소금을 요구했다.

"소금 한 말로는 부족하니 소금을 더 내놓아라."

하지만 방세로 소금 한 말을 이미 주었던 을불은 할머니의 욕심을 더 이상 채워 줄 수 없었다.

"소금 한 말이면 아주 넉넉히 드린 것입니다. 여기서 소금을 더 내놓으면 장사를 어떻게 하란 말입니까? 더 이상은 안 됩니다."

그러나 할머니는 욕심을 거두지 않았다. 할머니는 길을 떠나는 을불을 쫓아오며 소리를 질렀다.

"멈추어라! 네놈은 분명 도둑이 아니냐?"

을불은 기가 막혀 멈춰 서서 말했다.

"그게 무슨 말입니까?"

그러자 할머니는 을불의 짐을 뒤져 그 속에서 제 신발을 찾아내며 말했다.

"여기 봐라. 네놈이 내 신발을 훔쳐 가지 않았느냐? 당장 관가로 가자."

그 신발은 할머니가 을불의 짐 속에 몰래 넣어 둔 것이었다. 할머니는 을불을 도둑으로 몰아 관가에 고발했다.

압록성 성주는 을불에게 호통쳤다.

"네놈은 어찌하여 재워 준 은혜를 배반하고 도둑질을 했느냐? 여봐라, 저놈이 갖고 있는 소금은 노파에게 모두 주고 저놈은 매를 쳐서 벌하도록 하라."

을불은 억울해서 눈물이 날 지경이었지만 제대로 항의하지도 못했다. 도망자 신세가 탄로 나는 것이 두려웠기 때문이다. 실제로 봉상왕은 을불을 찾아 죽이기 위해 온 나라에 군사를 풀어 찾고 있었다.

하지만 소금을 빼앗긴 뒤 거지가 되어 형편없는 모습으로 있던 을불을 알아보는 군사는 아무도 없었다. 어찌 보면 을불은 거지가 된 덕분에 안전하게 숨을 수 있었던 것이다.

이 무렵 국상 창조리는 봉상왕을 몰아낼 계획을 세우고 있었다. 그는 조불과 소우를 불러 말했다.

"곧 왕을 새로 세워야겠으니 너희는 을불 대군을 찾아서 모셔 오도록 해라."

명령을 받은 조불과 소우는 전국 곳곳을 돌아다니며 을불을 찾았다. 그러다가 비류수 가까이에서 을불로 짐작되는 인물을 찾았다. 비록 옷은 남루하고 영락없이 거지 꼴이었지만 행동거지가 예사롭지 않은 인물이었다.

조불과 소우는 그에게 다가가 넌지시 말을 걸었다. 그런데 그는 거지답지 않게 학식을 풍기며 말했다. 조불과 소우는 그를 조용한 곳으로 데려가 다짜고짜 절을 하며 말했다.

"지금 왕이 포악해 나라가 어지럽고 백성은 굶주리고 있습니다. 이 때문에 국상께서 왕손을 찾아 새로운 시대를 열고자 하니 부디 허락하소서."

조불과 소우는 사실 그를 시험하기 위해 이 같은 말을 했다. 진짜 을불이라면 정체를 숨기려 할 것이라고 생각했기 때문이다. 과연 그는 시치미를 떼며 말했다.

"이보시오, 선비님들. 나는 거지나 다름없는 떠돌이 백성이오. 그런데 어째서 당신들은 내게 절을 하며 난데없는 소리를 하는 거요?"

그가 시치미를 떼자 조불과 소우는 을불임을 확신하고 다시 말했다.

1. 미천왕 (?~331)

고구려 제15대 왕(재위 기간 300~331)으로 서천왕의 둘째 아들인 돌고의 아들이며, 이름은 을불이다. 봉상왕을 내쫓은 창조리에 의해 왕위에 올라 고구려 영토를 넓히는 데 온 힘을 쏟았다.

"저희는 국상께서 보낸 사람들로 조불과 소우라고 합니다. 언젠가 대군을 뵌 적이 있습니다. 부디 저희를 의심하지 마시고 함께 가셔야 합니다. 그래야 나쁜 짓을 일삼고 있는 지금의 왕을 몰아내고 새로운 시대를 시작할 수 있지 않겠습니까?"

혹시 봉상왕이 보낸 사람들이 아닐까 싶어 시치미를 뗐던 을불은 그제야 조불과 소우를 믿고 따라나섰다. 창조리는 조불과 소우가 을불을 찾아오자 크게 기뻐하며 그를 아무도 모르는 곳에 머물도록 했다.

300년 9월, 마침내 창조리가 조정 신하들을 모아 반란을 일으켰다. 봉상왕은 쫓겨나고 을불이 새로 왕위에 올랐으니, 그가 바로 고구려 제15대 미천왕이다. 미천왕은 머슴에서 거지까지 별의별 시련을 다 겪으며 7년 동안 쫓겨 다니다가 기적적으로 왕위에 올랐다.

중원 대륙의 혼란과 미천왕의 영토 확장

미천왕이 즉위하자 고구려는 점차 안정을 되찾았다. 미천왕은 7년 동안 도망자로 살면서 밑바닥 백성들의 삶을 직접 겪었기 때문에 이 경험을 바탕으로 나라를 다스렸다. 또한 조정 신하들은 국상 창조리를 중심으로 나랏일에 힘쓰며 흩어졌던 민심을 다시 모으는 데 성공했다.

이 무렵 고구려 바깥에서는 중원 대륙을 통일하고 있던 진나라가 흔들리고 있었다. 미천왕은 조정 신하들과 함께 이 일에 대해 의논했다.

"지금 중원 대륙에 큰 혼란이 있다고 하니, 경들은 이에 대해 말해 보시오."

미천왕의 물음에 신하들이 대답했다.

"사마염이 진나라를 세워 중원을 통일한 지 벌써 20년이 지났습니다. 사마염은 자신의 친족을 각 지방에 보내 제후로 삼았는데, 사마염이 죽고 나자 이들이 서로 권력을 차지하기 위해 싸우고 있습니다."

안악3호분 주인상 벽화

안악3호분의 주인인 고구려 귀족의 모습이다. 미천왕 시대에 중국에서 고구려로 망명한 '동수'라는 사람으로 알려져 있다. 미천왕으로 추정하는 견해도 있다.

황해도 안악군 오국리

"처음에는 외척 가후가 왕족을 죽이고 권력을 차지했지만 얼마 전에 사마윤이 군사를 일으켜 나라를 차지했습니다. 하지만 혼란은 끝나지 않고 지방의 다른 사마씨들이 군사를 일으킬 준비를 하고 있다 합니다."

신하들의 설명을 들은 미천왕이 말했다.

"저들의 움직임을 놓치지 말고 살피도록 하라. 중원의 혼란은 곧 우리에게 기회다. 선조들이 되찾고자 한 옛 땅을 우리가 가져오도록 해야 할 것이다."

고구려는 진나라의 혼란을 주의 깊게 살펴보았는데, 과연 진나라에서는 왕족 사이에 피 흘리는 정권 다툼이 그치지 않았다. 무려 16년 동안 왕실의 친족끼리 죽고 죽이는 정권 다툼이 벌어졌다. 여덟 명의 왕이 차례로 서로 죽이며 권력을 다투었다고

안악3호분 부인상 벽화

안악3호분 주인의 부인이다. 화려하고 당당한 모습을 하고 있다.

황해도 안악군 오국리

해서 '팔왕의 난'이라고 한다.

진나라가 이렇게 혼란에 빠지자 북방 민족이 세력을 키워 대륙으로 나아가는 상황이 벌어졌다.

첫 번째로 나선 이들은 익주의 저족이었다.

"익주 관리가 다른 지역에서 온 유민을 몰아내려다가 오히려 졌다고 합니다. 그리고 그들이 저족 출신의 이특을 수령으로 내세워 광한을 공격해 차지했다고 합니다."

이 말을 들은 미천왕은 곧 군사를 준비시켰다. 그리고 302년 자신이 직접 3만 명의 군사를 이끌고 나섰다.

"때가 왔다. 선조들의 옛 땅, 현도로 달려가자."

기세 좋게 현도로 달려간 미천왕과 3만 명의 고구려 군대는 싸움에서 크게 이기고 현도 사람 8,000명을 사로잡아 평양으로 데려왔다. 또한 311년에는 안평을 공격해 빼앗았으며 313년에는 낙랑군을 점령하고 남녀 2,000명을 포로로 잡았다. 314년에는 남쪽으로 나아가 대방군을 점령했고, 315년에는 현도성을 다시 무찔렀다. 이전의 고구려 왕들이 이루려 한 일을 미천왕은 단숨에 해치워 버렸다.

진나라가 혼란스러운 틈을 타고 중원 대륙으로 나아간 나라는 고구려만이 아니었다. 익주에서 일어났던 저족 출신 이특의 아들 이웅은 성도성을 점령하고 306년에는 스스로 왕이라 부르며 나라 이름을 '대성'이라고 했다. 316년에는 진나라 왕조가 무너지고 양자 강 이북은 흉노의 귀족 유연이 완전히 틀어쥐었다. 또한 나라 이름을 '조'라고 했다. 한편 무너진 진나라 왕족인 사마예는 317년 양자 강 남쪽으로 내려가 진나라를 다시 세웠다.

고구려와 맞닿아 있는 황하 이북에서는 고구려와 선비족의 세력이 두드러졌다. 물론 이곳에도 진나라 세력이 조금 남아서 유주 지역을 기반으로 버티고 있었지만 고구려와 선비족의 힘에는 미치지 못했다.

이렇게 중국의 통일 왕조 진나라가 양자 강 남쪽 지역으로 쫓겨 내려가고 중원 대륙에 다양한 민족이 세력을 뻗쳐 많은 나라를 세웠다. 이 시기를 '5호16국시대'라고 한다. 5호는 한족이 아닌 다섯 민족을 일컫고, 16국은 이들의 다툼 속에서 열여섯 나라가 세워졌다는 뜻이다.

모용 선비와의 대결과 고구려의 불안한 운명

진나라가 무너진 틈을 타 대륙으로 나아가던 미천왕은 신하들을 모아 놓고 나라 바깥 사정에 대해 의논했다.

"우리가 대륙으로 나아가 영토를 넓히고 고구려 사람의 기개를 온 세상에 떨쳤다. 하지만 여전히 긴장을 늦출 수 없으니, 경들의 생각은 어떠한가?"

그러자 신하들이 대답했다.

"진나라가 무너졌으니 대륙에는 주인이 없는 상황입니다. 하지만 경쟁이 치열하니 다른 세력에 대한 경계를 늦추어서는 안 됩니다."

미천왕은 고개를 끄덕이며 다시 물었다.

"지금 우리와 경쟁하는 세력 가운데에서 가장 경계해야 할 세력은 어디인가?"

그러자 신하들이 대답했다.

"우리나라의 가장 큰 적은 모용외가 이끄는 모용 선비족입니다. 선비족은 여러 부족으로 나누어져 있어 우문 선비, 단 선비 또한 무시하지 못할 세력이오나 부여를 제압하고 위나라를 누른 적 있는 모용 선비가 가장 강합니다."

"그렇습니다. 또한 모용 선비는 선왕(봉상왕) 시절에 이미 우리나라를 두 번이나 쳐들어와 우리를 위기에 빠뜨린 적이 있습니다. 모용 선비를 경계해 기회가 닿으면 그들을 무찔러야 합니다."

실제로 이 시기에 모용 선비는 북방에서 가장 강했다. 유주에 남아 버티고 있던 진나라 일부 세력이 가장 두려워한 것은 모용 선비였다. 이때 유주를 차지하고 있던 진나라 귀족 왕준은 자신의 장인 최비를 평주 자사로 임명해 북방 세력을 막아 내도록 했다.

하지만 그들은 북방 세력 가운데에서 가장 힘이 약했다. 특히 최비는 나날이 세력을 키워 가는 모용 선비를 매우 두려워했다.

'모용외 군대가 평주와 유주로 쳐들어온다면 우리는 금방 무너질 것이다. 저들이 더 크기 전에 다른 세력과 연합해 우리가 먼저 쳐야겠다.'

이렇게 생각한 최비는 모용 선비를 뺀 북방 세력들에게 연합군을 만들자고 했다. 이 제의는 고구려에도 전해졌다.

"평주 자사 최비가 군사를 연합해 모용 선비를 치자고 합니다."

이 말을 들은 미천왕은 곧 신하들을 불러 모아 물었다.

"최비가 연합군을 만들어 모용 선비를 치자고 하는데, 경들의 생각은 어떠하오?"

신하들이 대답했다.

"우문 선비와 단 선비도 함께 하기로 했다 하니 모용 선비를 무너뜨릴 좋은 기회로 삼으시옵소서."

"그렇게 하시옵소서. 또한 최비는 모용 선비를 무너뜨리면 그 영토를 나누어 가지라고 했으니, 우리나라의 세력을 키울 좋은 기회이기도 합니다."

신하들의 의견을 모은 미천왕은 314년 12월 드디어 모용 선비를 치기 위해 우문 선비, 단 선비 군사들과 함께 모용 선비의 수도인 극성으로 쳐들어갔다.

하지만 모용 선비의 지도자인 모용외는 결코 만만한 인물이 아니었다.

"저들이 세력을 모아 우리에게 도전해 오고 있지만 크게 걱정할 것 없다. 일시적으로 모인 연합군이기 때문에 무너뜨리기가 그리 어렵지 않을 것이다."

신하들에게 이렇게 말한 모용외는 연합군과 정면으로 싸우지 않고 성을 지키기만 했다. 그리고 부하 하나를 불러 명령했다.

"너는 지금 당장 우문 선비의 장수 실독관에게 음식을 들고 찾아가라. 그리고 우리가 우문 선비와 은밀히 손잡고 있는 것처럼 행동해라. 그러면 고구려와 단 선비는 우문 선비를 의심해 연합을 깨고 물러날 것이다."

모용외의 생각은 정확히 맞아떨어졌다. 모용외가 우문 선비

의 실독관에게 음식을 보내자 고구려와 단 선비는 실독관을 의심해 결국 군사를 돌려 돌아가고 말았다.

하지만 실독관은 분통을 터뜨리며 말했다.

"다들 모용외의 수작에 넘어가다니! 지금이 아니면 언제 모용외 세력을 무너뜨린단 말인가? 나 혼자만이라도 이 기회를 놓치지 않으리라."

하지만 우문 선비는 모용 선비의 상대가 되지 않았다. 모용외는 고구려와 단 선비가 물러가자 곧 군사를 보내 우문 선비군을 크게 무찔렀다.

이렇게 되자 가장 당황한 사람은 평주의 최비였다.

"우리가 힘이 없어 영토까지 내주기로 하며 연합군을 만들었는데, 이것이 실패했으니 이제 어쩌면 좋단 말인가? 모용외는 곧 우리에게 복수하러 덤벼들 텐데 어찌해야 한단 말인가?"

이 무렵 최비를 평주 자사로 임명했던 왕준은 이미 죽고 없어 거의 멸망한 상태였기 때문에 최비는 모용 선비를 상대할 힘이 전혀 없었다. 마침내 최비는 고구려로 망명하는 길을 선택했다. 그나마 모용 선비로부터 자신을 지켜 줄 수 있는 세력은 고구려밖에 없다고 생각한 것이다.

"내 목에 칼을 들이댄 최비 놈을 반드시 잡아 오도록 하라. 그놈이 고구려로 숨어들었으니 고구려 성을 박살 내서라도 잡아 오너라."

우문 선비를 무찌른 모용외는 최비를 잡아들이려는 한편, 최비가 버리고 간 평주를 전쟁 한 번 하지 않고 차지했다. 또한 고

제15대 미천왕 가계도

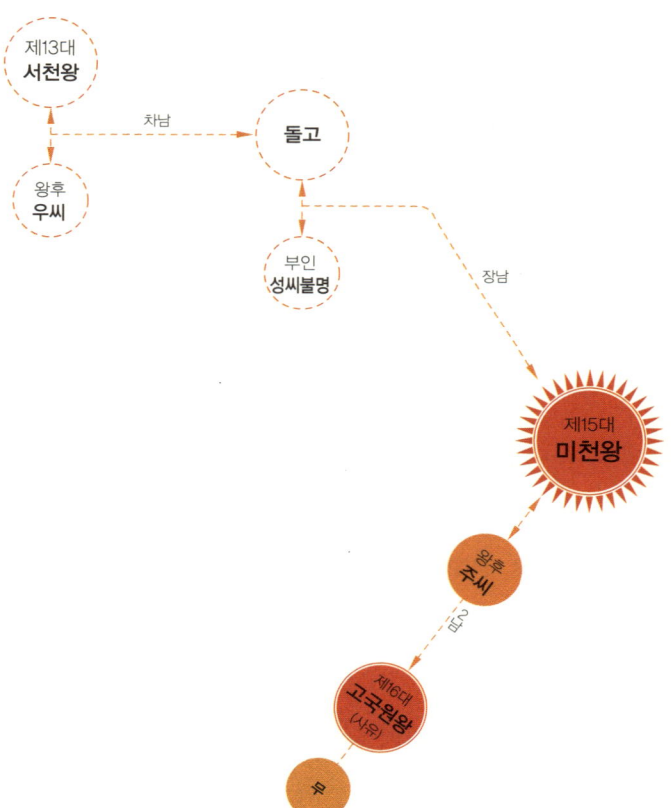

구려의 하성을 공격해 크게 이기고 고구려 주민 수천 명을 포로로 잡아갔다.

  이 사건이 있은 뒤 320년부터 고구려와 모용 선비 사이에는 치열한 전쟁이 벌어졌다. 미천왕은 한 치 앞을 내다볼 수 없는 상황 속에서 고구려의 안정을 위해 여러 방면으로 노력하다가 331년 2월에 세상을 떠났다. 그리하여 고구려는 날로 세력을 키워 가는 모용 선비의 도전에 부딪쳤고, 점차 불안한 운명을 향해 다가가게 되었다.

제16대 고국원왕실록

백제 군에게 죽음을 당한 고국원왕

고국원왕시대의 세계 약사

중국은 5호16국시대의 절정기였다. 북쪽에서는 선비의 모용황이 이끄는 전연이 화북을 통일하고, 서쪽에서는 저족이 세운 전진이 연을 무너뜨리고 북방의 우두머리가 되었다.
서양의 로마에서는 콘스탄티누스가 통일 제국을 만든 이래 콘스탄티노플 시대를 펼치고 있었다. 하지만 337년에 콘스탄티누스 1세가 죽고 로마는 세 개로 나누어졌다. 콘스탄티누스 2세의 조카 율리아누스가 즉위하지만 363년 페르시아와의 전투에서 죽자 로마는 다시 둘로 나누어졌다.

고구려를 넘보는 모용 선비

331년 2월 미천왕이 세상을 떠나자 미천왕의 맏아들 소가 왕위에 올랐다. 그가 고구려 제16대 고국원왕¹이다.

"동명성왕 앞에 제사를 올리고 백성을 직접 찾아다니며 위로하고 병든 사람들을 구하리라."

고국원왕은 왕위에 오르자마자 이렇게 새로운 분위기를 일으키려고 했다. 고구려가 위태로운 처지에 놓여 있었기 때문이다.

"평양성 동쪽에 동황성을 쌓고 북쪽에는 신성을 쌓아라. 모용 선비가 세력을 키우고 있으니 이에 철저히 대비해야 한다."

고국원왕이 왕이 되었을 무렵, 모용 선비 세력은 하루가 다르게 강해지고 있었다. 모용 선비는 이미 고구려를 두 차례나 쳐들어온 적이 있었기 때문에 고국원왕은 이들을 경계하지 않을 수 없었다.

'모용외'라는 지도자에 의해 강해지기 시작한 선비족은 모용외의 아들 모용황이 나라 이름을 '연'[2]이라 하고 스스로 왕이라 부르면서 더욱 강해졌다. 모용황은 339년 고구려의 예상대로 북쪽 신성까지 군대를 몰고 내려왔다. 이때 모용황은 고구려에 다음과 같이 요구했다.

"고구려와 동맹을 맺어 이웃으로 지내고자 하니 이를 받아들여 주기 바란다."

사실 모용 선비는 고구려가 중국의 큰 나라와 전쟁을 벌일 때 군사를 빌려 쓰기도 하는 등 고구려 아래에 있는 부족이었다. 그런 부족이 강한 나라를 세워 동맹을 맺자고 한 것은 고구려의 자존심을 건드리는 일이었다. 하지만 고국원왕은 강한 선비족과의 다툼을 최대한 피하려고 했다.

"저들과 동맹을 맺고 그 표시로 왕자를 보내 예의를 갖추게 하라."

고국원왕은 자존심을 버리면서까지 자신의 맏아들(소수림왕)을 연나라에 보내 모용황에게 인사를 하게 했다.

하지만 연나라는 고구려에 대한 침략 욕심을 버리지 않았다. 342년 10월 모용황은 신하들에게 물었다.

"나는 앞으로 중원을 우리 땅으로 만들고자 한다. 이를 위해서 무엇을 해야 하겠는가?"

그러자 연나라 장수 한이 말했다.

1. 고국원왕 (?~371)
고구려 제16대 왕(재위 기간 331~371)이다. 미천왕과 왕후 주씨의 맏아들로 이름은 소다. 모용 선비족의 침입에 맞서 싸웠으며 백제와의 전쟁에서 화살에 맞은 것이 원인이 되어 세상을 떠났다.

2. 연
선비족의 모용외가 세력을 키우고 그 아들인 모용황이 337년에 세운 나라다. 370년 전진의 부견에 의해 무너졌다.

"먼저 고구려를 무너뜨리지 않고서는 중원을 차지할 수 없습니다. 비록 지금 중원에 우리를 상대할 세력이 없다 하더라도 고구려를 그냥 두면 언제든지 우리 뒤통수를 칠 것입니다."

이 말에 모용황도 고개를 끄덕였다. 모용황은 그 누구보다도 고구려를 치려는 속셈을 강하게 품고 있었다.

고국원왕도 모용황의 이런 속셈을 잘 알고 있었다.

"평양성은 작고 허술하니 안전하지 못하다. 그래서 동황성으로 옮겨 가려 했으나 아직 다 지어지지 않았으니, 우선 환도성으로 옮겨 머물러야겠다."

고국원왕은 342년 2월에 환도성을 고쳐 임시로 도읍을 옮겼다. 하지만 고국원왕이 연나라의 침입을 두려워해 도읍까지 미리 옮기자 모용황은 자신감이 더욱 커졌다.

"얼마 전까지만 해도 고구려는 가장 강한 나라였지만 이제는 우리가 칼을 들기도 전에 꼬리를 내리고 도망가지 않았느냐? 망설일 것 없이 고구려를 치고자 하니 그대들은 좋은 방법을 내놓도록 하라."

모용황의 말에 장수 한이 대답했다.

"고구려로 가는 길은 두 가지가 있습니다. 북쪽 길은 평탄하고 넓으며, 남쪽 길은 험하고 좁습니다. 따라서 옛날에 고구려를 칠 땐 늘 북쪽 길을 선택했습니다."

"음, 그랬지. 북쪽 길로 달려가면 금방 고구려에 닿을 수 있으니까."

"고구려는 우리가 군사를 이끌고 가면 북쪽 길을 막을 것입니다. 이번에는 그들의 허를 찔러 남쪽 길로 가는 것이 어떻겠습니까?"

장수 한의 말에 모용황이 기뻐하며 말했다.

"그거 좋은 전략이로다. 고구려 군사들이 북쪽 길에 몰려 있을 때 우리는 유유히 남쪽 길로 들어가 고구려의 도읍을 차지하면 되겠구나."

그러자 한이 덧붙여 말했다.

"그렇습니다. 먼저 왕께서는 주력군을 이끌고 남쪽 길로 가서 고구려를 치시옵소서. 그러면 북쪽 길을 지키고 있던 고구려 군사들이 남쪽으로 내려올 것입니다. 그때 북쪽으로 보낸 군사들과 합쳐 고구려 군사를 포위해 무찌르면 됩니다."

"좋다. 그렇게 하자."

이리하여 342년 11월 모용황은 5만 5,000명의 군사를 이끌고 고구려를 치기로 했다. 이 가운데 4만 명의 군사는 자신이 직접 이끌고 남쪽의 험한 길로 나아갔으며, 나머지 1만 5,000명은 장수 왕우에게 맡겨 북쪽 길로 나아가게 했다.

이것이 고구려에게 크나큰 시련을 안겨 준 고·연 전쟁의 시작이었다.

불타는 환도성과 고구려의 수난

모용황이 군사를 이끌고 고구려로 향할 즈음, 고구려에서도 방어 준비를 하고 있었다.

"모용황이 지금 군사를 이끌고 이곳으로 오고 있다. 저들은 늘 북쪽 길을 넘어왔으니 그곳에 군사 5만 명을 보내 지키게 하라. 나는 군사 1만 명을 이끌고 남쪽 길을 지키겠노라."

하지만 이는 고구려의 큰 실수였다. 모용황은 주력군을 이끌고 남쪽 길로 오고 있었는데, 고국원왕이 1만 명의 병력으로 이들을 막아 내지 못하면 도읍이 무너질 수 있었다.

"모용황의 주력군이 남쪽 길로 내려오고 있습니다."

이 소식을 들은 고국원왕은 깜짝 놀랐다.

"뭣이? 이런 낭패가 있나. 저들의 전술에 완전히 당했구나. 하지만 우리나라의 지형은 험하니 적은 병력으로도 많은 병력을 막을 수 있다. 장수 아불화도는 군사를 이끌고 저들을 막아 내도록 하라."

하지만 고국원왕의 명령을 받은 아불화도는 연나라 군사에게 크게 지고 말았다. 그리고 모용황이 이끄는 연나라 군대는 눈 깜짝할 사이에 환도성으로 밀려들었다.

"이럴 수가! 도읍을 저들에게 내주어야 하는가? 북쪽 길을 지키고 있던 군사들은 무얼 하고 있는가?"

고국원왕은 이렇게 한탄하며 결국 호위병 몇 명과 함께 재빨리 도망칠 수밖에 없었다.

한편 군대를 이끌고 북쪽 길을 통해 고구려로 가던 연나라 장수 왕우는 환도성에서 고구려 군이 무너졌다는 소식을 듣고 크게 웃으며 말했다.

"하하하. 드디어 고구려를 무너뜨릴 때가 왔구나. 이제 우리도 북쪽 길을 막고 있는 고구려 군대를 박살 내도록 하자."

하지만 고구려 군대는 허술하지 않았다. 고구려 장수 고무가 이끄는 5만 명의 정예군은 연나라 군대를 무찌르고 연나라 장수 왕우를 그 자리에서 죽여 버렸다.

이 소식을 들은 연나라 장수 한수가 모용황에게 말했다.

"고구려 땅은 지형이 험하고 익숙하지 못한 곳이라 남아 있다간 분명 적에게 당할 것입니다. 그러니 고구려 주력군이 돌아오기 전에 물러가는 것이 좋을 것입니다. 하지만 우리가 물러간다 해도 고구려 왕과 백성들이 다시 힘을 모아 우리나라를 칠 것인데, 고구려의 힘이 아직 강하므로 중원을 차지하기도 전에 위기에 몰릴 수도 있습니다."

모용황도 한수의 말에 고개를 끄덕였다.

"그렇지. 고구려는 결코 얕볼 수 있는 나라가 아니야. 그러면 어찌해야 하겠는가?"

그러자 한수는 고구려의 약점을 잡는 방법을 내놓았다.

"지금은 우리가 고구려의 도읍을 차지하고 있으니, 물러가기 전에 고구려 왕의 아버지 무덤을 파헤쳐 그 시체를 싣고 가야 합니다. 또한 왕의 어머니와 부인을 잡아가면 고구려가 함부로 날뛰지 못할 것입니다."

모용황은 미천왕의 무덤을 파헤쳐 시체를 꺼낸 뒤 수레에 실었다. 또한 태후 주씨와 왕후를 붙잡아 연나라의 용성으로 끌고 갔다. 뿐만 아니라 환도성 백성 5만 명을 포로로 잡아갔으며, 궁궐을 불태우고 성을 헐어 버렸다.

모용황의 군대가 떠난 뒤 환도성으로 돌아온 고국원왕은 눈물을 흘리며 땅을 쳤다.

"궁궐이 불타고 백성들이 잡혀 갔으니 내가 어찌 왕의 책임을 다했다 하겠는가? 이 원한을 어찌 갚아 주어야 하는가? 여봐라! 당장 연나라로 쳐들어가서 모용황의 목을 따 와야겠다."

하지만 신하들이 고국원왕을 말렸다.

"아니 되옵니다. 저들은 선왕(미천왕)의 유구(시체)를 가져갔을 뿐만 아니라 태후 마마와 왕후 마마까지 포로로 잡고 있습니다. 저들과 다시 전쟁을 벌이면 분명히 선왕을 욕보이고 두 분 마마를 죽이려 할 것입니다."

고국원왕도 그 사실을 잘 알고 있었다.

"그러면 결국 저들 앞에 무릎 꿇고 빌어야 하는가?"

고구려는 이날 이후 연나라의 신하국이 되기로 맹세했고, 그 뒤 30년 동안 연나라 앞에 고개를 조아리고 지내야 했다. 미천왕의 시신은 다음 해에 돌려받았지만 태후와 왕후는 무려 13년 동안이나 연나라에 붙잡혀 있어야 했다.

단 한 번의 작전 실패로 동아시아에서 가장 강한 나라였던 고구려는 비극과 수치 속으로 빠져들었다.

백제 군의 화살을 맞고 목숨을 잃은 고국원왕

고구려와의 전쟁에서 이긴 연나라는 이후 우문 선비, 단 선비 등을 차례로 무너뜨리는 한편, 남쪽으로 나아가 화북 평원의 후조[3]를 멸망시켜 화북 지역을 모조리 차지했다.

하지만 361년에 모용준이 세상을 떠나자 왕실이 사치와 향락에 젖어 나라의 힘이 약해지기 시작했다. 이 틈을 타서 저족이 세운 전진[4]이 연나라를 공격했다. 그러자 연나라는 서쪽의 전진을 막는 데 신경 쓰느라 하북과 산동 지역에 소홀해졌다.

"연나라 세력이 약해지고 있으니 이때 발해 부근을 차지하자!"

이렇게 외치며 나선 세력은 백제였다. 백제는 나라를 세운 초기에는 요동과 하남 지역에 기반을 가지고 있었다. 하지만 세력이 크지 않아서 4세기 무렵까지는 조용히 있었다.

4세기 무렵 세력을 키운 백제는 연나라가 전진과의 싸움에 신경 쓰는 틈을 타 발해 지역으로 나아갔다.

"백제가 발해 지역으로 나아가려는 기미를 보이고 있습니다."

이 소식을 들은 고국원왕은 크게 화를 냈다.

"뭣이? 그곳은 우리가 가져야 할 땅이 아니냐? 지난 세월 동안 연나라에 짓눌려 지낸 원한을 풀기 위해서라도 우리가 다시 세력을 키워야 하는데, 감히 백제 따위가 덤벼들다니! 당장 군사를 보내 백제를 응징하도록 하라."

고구려는 369년 9월 군사 2만 명을 이끌고 백제를 먼저 공격했다. 싸움은 치양 가까이에서 이루어졌다.

"고구려 군대가 우리를 공격하려 한다고? 우리를 아주 얕본

3. 후조
'조'라고도 한다. 전조의 장수로 있던 석륵이 319년 화북 일대에 세운 나라다. 전조를 무너뜨려 합쳤다.

4. 전진
'진'이라고도 한다. 351년에 저족 출신의 부건이 세웠으며 전연과 전량을 무너뜨려 양자 강 이북 땅을 차지했다. 동진과의 전쟁에서 크게 져 멸망했다.

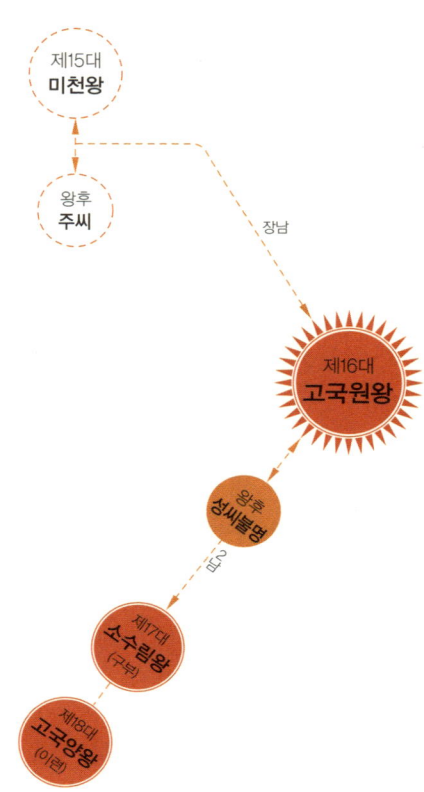

게 아니냐? 매운맛을 보여 주리라."

이렇게 말하고 나선 사람은 백제의 태자 근구수였다. 근구수는 고구려 군대와 치양에서 벌인 싸움에서 크게 이겼고, 고구려는 군사 5,000명을 잃고 달아나야 했다.

백제에게 진 고국원왕은 370년에 다시 백제를 공격했다.

"고구려 군대가 또다시 몰려온다고 하니, 이번에는 군사를 몰래 숨겨 두고 그들을 불시에 공격하도록 하라."

백제 태자 근구수는 고구려가 다시 쳐들어오는데도 당황하지 않고 오히려 반격해 고구려 군대를 궁지에 몰아넣었다.

"고구려 군의 기세를 꺾은 지금의 기회를 놓칠 수 없다. 내가 직접 나서서 고구려의 평양성을 공격하리라."

승리의 기세를 잡은 백제의 근초고왕은 직접 군사 3만 명을 이끌고 고구려 평양성 공격에 나섰다. 고구려는 이전까지 세력이 약했던 백제에게 평양성까지 몰리는 상황이 되었다.

"백제 군을 얕본 것이 실수로다. 평양성을 굳건히 지켜 백제 군을 막아 내도록 하라."

고국원왕은 백제 군의 무서운 기세 앞에서 겨우 평양성을 지키며 싸웠다. 이때 고국원왕은 백제 군이 쏜 화살에 맞아 큰 부상을 입었다. 태자 구부(소수림왕)가 뛰어난 지도력을 발휘해 평양성을 지켜 내고 백제 군을 물러가게 했지만, 고국원왕은 화살에 맞은 상처 때문에 목숨을 잃고 말았다.

"고구려 왕이 죽었다! 우리가 고구려를 이겼다!"

백제 군은 그 뒤로도 고구려와 대등한 싸움을 벌였다. 사실 백제는 동명성왕에게서 나온 고구려의 형제국으로 동아시아를 호령하던 고구려와는 견줄 수 없이 약한 나라였다.

하지만 이 시기를 거치면서 백제는 무시할 수 없는 세력이 되어 요서 지역의 영토를 많이 차지했다.

"이 치욕을 결코 잊지 않으리라. 반드시 복수하리라."

고국원왕이 세상을 떠나자 태자 구부는 복수를 다짐했고, 그 뒤 백제와 싸움을 계속 벌이게 된다.

제17대 소수림왕실록

문화 외교를 펼친 소수림왕

소수림왕시대의 세계 약사

중국은 전진과 동진의 시대였다. 화북을 통일한 전진은 계속 남쪽으로 내려가 익주를 빼앗았다. 하지만 383년에 전진의 부견이 80만 대군으로 동진을 무너뜨리고 중원을 통일하려다가 오히려 크게 졌다. 서양의 로마는 동과 서로 나누어져 있었다. 375년 서로마의 발렌티아누스 1세가 죽고, 378년에는 동로마를 다스리던 동생 발렌스도 서고트족과 싸우다 전사했다. 서로마에는 크라티아누스가 즉위하고 동로마에는 테오도시우스 1세가 즉위했다.

원한에 사무친 태자 구부

371년 10월에 고구려는 백제와의 전투에서 힘에 밀려 평양성을 겨우 지켜 내고 있었다. 게다가 고국원왕이 백제 군의 화살에 맞고 드러눕자 상황은 더욱 어려워졌다.

자리에 누운 고국원왕은 태자 구부를 불러 말했다.

"태자야, 내가 이 꼴이 되어 백제와의 전쟁을 이끌 수 없게 되었구나. 지금 우리나라가 위기에 빠져 있지만 너라면 이 나라를 지켜 낼 것이라 믿는다. 나를 대신해서 평양성을 지켜 주겠느냐?"

태자 구부는 어금니를 깨물며 말했다.

"아바마마, 걱정 마십시오. 반드시 평양성을 지켜 내고 백제 군을 몰아내겠습니다."

구부는 평양 백성과 고구려 군사들을 다독이며 백제 군을 몰아내는 데 성공했다. 그는 340년에 고국원왕의 명령을 받아 모용황 앞에 예를 갖추러 갔고, 고국원왕과 더불어 나랏일을 함께 하면서 이미 많은 경험을 가지고 있었다. 그리고 기골이 장대하고 지략이 뛰어나 나라를 다스리는 데 부족함이 없었다.

고국원왕은 화살에 맞은 상처가 심해져 371년 10월에 세상을 떠났다. 이때 구부가 왕위를 이어받았으니 그가 바로 고구려 제17대 소수림왕¹이다.

소수림왕은 왕위에 오르면서 맹세했다.

'백제를 물리쳐 아바마마의 원한을 갚으리라!'

하지만 소수림왕은 섣불리 백제에게 칼을 빼들지 않았다. 매우 치밀하고 영리한 그는 먼저 백제를 국제적으로 외톨이로 만드는 전략을 썼다.

소수림왕은 신하들을 불러 모아 이런 생각을 밝혔다.

"경들은 우리가 당한 치욕을 결코 잊지 마라. 그 치욕을 갚아 주기 위해 우리는 어찌해야 하겠는가?"

그러자 신하들이 말했다.

"우리 군사는 본래 백제 군사보다 훨씬 강했습니다. 비록 몇 번 졌다고는 하나 훌륭한 장수로 하여금 군사 훈련을 시키면 머지않아 백제 군을 뛰어넘는 군대를 만들 수 있을 것입니다. 최대한 빨리 저들의 도읍을 치고 원한을 갚아야 합니다."

"아닙니다. 그동안 우리가 저들을 너무 얕본 것을 돌이켜 보

---

1. 소수림왕 (?~384)

고구려 제17대 왕(재위 기간 371~384)이다. 고국원왕의 맏아들로 이름은 구부다. 불교를 받아들이고 태학을 세웠으며 율령(국법)을 만들어 문화 발전을 이루었다. 이를 바탕으로 백제를 정벌하려 했으나 성공하지 못했다.

2. 부견 (338~385)
전진의 제3대 왕(재위 기간 357~385)이다. 전연과 전량을 무너뜨려 나라의 힘을 크게 키웠으나 동진과의 싸움에서 져 무너졌다.

아야 합니다. 신중하게 전략을 짜서 반드시 이기는 싸움을 해야 합니다."

신하들의 말을 듣던 소수림왕이 말했다.

"그대들의 말이 모두 옳도다. 나는 철저히 준비해서 반드시 백제를 응징할 것이다. 이를 위해 백제를 국제적으로 고립시키려 한다."

신하들은 계속되는 소수림왕의 말에 귀를 기울였다.

"나는 지난날 연나라가 멸망하고 저족의 진이 일어서는 것을 두 눈으로 지켜보았다. 진은 지금 화북을 통일했고 앞으로 남쪽 대륙까지 모두 차지하겠다는 야심을 품고 있다. 그들은 우리나라와 사이가 나빠지는 것을 원하지 않는다. 그래야 마음 놓고 남쪽 대륙으로 나아갈 수 있기 때문이다. 이런 점을 이용해 우리의 힘을 키워야 한다."

"그렇다면 부견[2]이 이끄는 진과 손을 잡자는 말씀이신지요?"

"물론이다. 하지만 그것만으로는 부족하다. 진이 얼마 전에 차지한 요동과 현도, 유주 지역을 우리가 차지해야 할 것이다. 우리가 진을 뒤에서 위협하지 않는다고 약속하면 분명히 그 땅을 우리에게 내줄 것이다."

고개를 끄덕이던 신하들이 물었다.

"그러면 중원 남쪽 대륙을 차지하고 있는 진나라에게는 등을 돌려야 합니까?"

당시 중국 대륙에는 연나라를 무너뜨리고 북방에서부터 세력을 키운 진이 있었고 위, 촉, 오의 삼국을 통일한 진나라가 남쪽으로 자리를 옮겨 버티고 있었다. 흔히 앞의 나라를 전진이라 하고, 뒤의 나라를 동진³이라 한다. 소수림왕은 먼저 전진과 손잡고 국제무대에서 힘을 키우려 한 것이다. 그렇다고 동진과 등을 돌리려는 것도 아니었다.

"아니다. 우리는 중원의 두 나라와 모두 사이좋게 지내야 할 것이다. 우리의 목적은 백제를 고립시키는 것이다."

그러자 모든 신하들이 고개를 끄덕이며 왕의 뜻을 따랐다. 어린 시절부터 외국을 드나들던 소수림왕은 뛰어난 국제 감각을 발휘해 백제를 외교적으로 고립시키려 했다. 특히 그는 전진과 동진에서 문화를 받아들이는 방법으로 외교를 했다.

소수림왕이 받아들인 문화는 불교였다.

"승려 순도와 불상, 경문을 성대하게 맞이하도록 하라."

3. 동진
사마염이 세운 진(서진)이 316년에 멸망하자 진의 왕족이던 사마예가 양자강 아래로 내려가 317년에 세운 나라다.

4. 태학

372년에 세워진 고구려의 국립 교육 기관이다. 전진의 제도를 본떠 만들었으며 우리나라 최초의 국립 교육 기관으로 귀족 자녀를 가르쳤다.

5. 경당

고구려 때 평민 자녀를 가르치기 위해 세워진 사립 교육 기관이다. 무예와 학문을 가르쳤다.

372년 6월, 소수림왕은 전진에서 보낸 승려 순도를 맞이해 불교를 국가적으로 받아들였다. 이는 전진과 문화적으로 더 가까워지려는 외교 전략이었다. 소수림왕은 동진에게도 승려를 보내 달라고 요청했다. 전진과 동진은 서로 호시탐탐 넘보는 적대 관계였다. 하지만 고구려는 불교를 통해 두 나라 모두와 가까이 지내려 한 것이다.

소수림왕은 불교를 받아들인 해에 우리나라 최초의 학교인 '태학'[4]을 세웠다. 태학에서는 유학과 무예를 가르쳤는데, 이는 중원의 문화를 받아들인 결과였다. 태학이 세워지기 전 고구려에는 '경당'[5]이라는 교육 기관이 있었다. 경당은 국가가 아닌 뜻 있는 사람들이 세워 학문과 무예를 가르치던 곳이었다. 태학이 세워지자 각 지방에서 경당도 크게 발전해 고구려의 교육 체계가 갖추어졌다.

또한 소수림왕은 373년에 국법을 만들어 반포했다.

연가7년명금동여래입상

고구려 관련 글이 새겨져 있는 불상이다. 6세기 후반에 만들어진 것으로 보인다.

국립중앙박물관 소장

"우리나라에는 그동안 간단한 법만 있었고, 법이 필요할 때는 관습에 따라 처리했다. 하지만 이제 나라가 점점 커지고 일이 많아지니 문자로 정해진 국법이 필요하다. 이제까지 보완해 오던 법을 완성해 국법으로 반포하라."

법은 사회 질서를 바로잡고 국가 기강을 세우는 체계적인 규칙이다. 법이 완성되었다는 것은 그만큼 나라의 문화 수준이 높아졌다는 뜻이다.

소수림왕이 이렇게 교육 기관과 법을 만들어 나라의 체계를 갖추자 다른 나라들이 보는 눈길도 달라졌다.

"고구려도 이제 어엿한 문화 국가이니 우리와 이웃이 되기에 부족함이 없도다."

중원의 전진과 동진은 자신들이 이미 갖춘 국가 체계와 문화를 고구려가 받아들이려는 것을 보면서 크게 만족했다. 불교, 태학, 국법, 이 세 가지 업적이 모두 소수림왕의 외교 전략과 관계가 있었다. 소수림왕은 적극적으로 문화 외교를 하면서 백제를 점점 고립시켜 나갔다.

마침내 뽑아 든 복수의 칼

전진, 동진과 문화를 교류하며 나라의 안정을 꾀하고 백제의 고립을 추진하던 소수림왕은 376년 11월 마침내 백제를 향해 복수의 칼을 빼 들었다.

"드디어 때가 왔도다. 백제 왕의 목을 베고 선왕(고국원왕)의 원한을 풀자."

 소수림왕의 명령을 받은 고구려 군은 재빨리 백제의 북쪽을 공격했다. 하지만 백제에서는 이미 고구려의 의도를 짐작하고 이에 대비하고 있었다.

 "예상했던 대로 고구려 군사들이 쳐들어오고 있다. 예상을 벗어나지 않는 적의 행동은 막아 내기 쉬운 법! 고구려 놈들에게 쓴맛을 보여 주어라."

 백제 왕실은 한 치의 두려움도 없이 전혀 당황하지 않고 군사를 출동시켰으며 이들은 고구려 군사를 물리쳐 몰아냈다.

 "우리 군사들이 백제 군에게 오히려 밀리고 있습니다."

다급한 전쟁터의 소식을 들은 소수림왕은 매우 놀랐다.

"몇 년 동안 이날을 준비했건만, 백제의 기세에 우리가 눌린단 말인가?"

하지만 다급한 소식은 이것으로 끝나지 않았다. 백제는 야심 차게 쳐들어온 고구려 군을 물리치고 그 기세를 몰아 이듬해 10월에 3만 명의 군사를 이끌고 고구려의 평양을 공격했다.

"고구려가 별것이더냐? 용맹한 백제의 군사들아, 단숨에 평양성을 부숴 버려라!"

무서운 기세로 밀려드는 백제 군 앞에서 고구려는 허둥지둥했다.

"지금 백제의 기세를 정면으로 꺾기는 힘들다. 성문을 걸어 잠그고 철저히 지키기만 해라."

결국 소수림왕은 군사들로 하여금 평양성 안에서 백제 군을 막아 내도록 명령을 내렸다. 그리고 겨우 백제 군이 돌아가게 할 수 있었다.

"내가 왕위에 올라 나라의 수치를 갚고자 밤낮으로 노력했는데, 아직도 힘이 부족한 것인가? 오만 방자한 백제의 기세는 도대체 어디까지 올라갈 것인가?"

사실 이때 백제는 한반도 지역뿐만 아니라 바다 건너 대륙의 요서 지역까지 영토를 넓히며 새로운 강대국으로 떠올랐다. 고구려 문화를 한층 발전시키고 외교에도 크게 성공한 소수림왕이었지만 이런 백제의 기세를 꺾지 못했다. 오히려 백제의 반격을 받아 또다시 수모를 겪을 뻔하는 시련에 빠지기도 했다.

54　고구려사 이야기

제17대 소수림왕 가계도

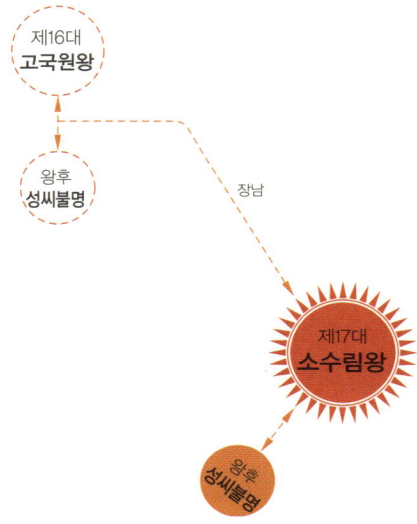

제16대 **고국원왕**

왕후 **성씨불명**

장남

제17대 **소수림왕**

왕후 **성씨불명**

하지만 고구려의 시련은 엎친 데 덮친 격으로 계속되었다.

"나라에 가뭄이 들어 큰 흉년이 들었습니다. 굶주린 백성들은 서로 잡아먹는 일까지 일어나고 있습니다."

"계속된 전쟁으로 민심이 흉흉해지고 있는데, 가뭄까지 닥쳤으니 이 일을 어찌해야 합니까?"

신하들의 말에 소수림왕은 한숨만 푹푹 쉬었다. 이렇게 고구려가 가뭄으로 몸살을 앓고 있던 378년 8월에 북쪽 변경 지역에서는 또 하나의 다급한 소식이 날아왔다.

"거란[6]족이 쳐들어와 변경의 8개 마을을 무너뜨렸다고 합니다."

"거란족이 날로 힘을 키우고 있으니 커다란 근심이 아닐 수 없습니다."

소수림왕은 가뭄과 외적의 침입으로 어지러운 상황을 이겨내기 위해 애썼지만 별로 성과가 없었다. 오히려 이때 마음고생, 몸 고생을 너무 심하게 한 나머지 그만 건강이 나빠져 384년 11월에 세상을 떠나고 말았다. 고구려는 백제에 복수하지도 못하고 오히려 점점 더 어려운 처지가 되었다.

6. 거란
퉁구스족과 몽골족의 피가 섞인 유목 민족이다. 916년 야율아보기가 세력을 크게 키웠으며 발해를 멸망시키고 947년에 요나라를 세웠다.

제18대 고국양왕실록

동시에 두 나라와 싸운 고국양왕

고국양왕시대의 세계 약사

중국은 16국시대 막바지에 해당한다. 중원 통일을 꿈꾸던 전진은 동진에게 져서 무너지고 후진, 후연, 서진, 후량 등의 나라들이 일어났다. 그 뒤 16국시대는 40여 년 동안 계속되었다.
서양의 로마에서는 그리스도교가 융성해 국교가 되었다. 테오도시우스 황제는 동·서 로마를 다시 통일하기 위해 온 힘을 쏟았다.

고구려를 위협하며 나타난 후연

소수림왕 시대에 고구려는 중국 대륙의 두 나라, 전진과 동진 모두와 외교를 하면서 백제를 상대했다. 그러면서 불교를 받아들이고 태학을 세웠으며 국법을 반포하는 등 문화 발전도 이루었다.

하지만 고국양왕이 왕위에 오를 무렵 중국 대륙에서는 큰 변화가 일어났다.

"내가 반드시 대륙을 모두 차지하겠다."

이렇게 말하며 전쟁을 계속한 사람은 전진의 왕 부견이었다. 부견은 연나라를 무너뜨리면서 대륙의 강자가 된 뒤, 동진까지 무너뜨려 대륙을 모조리 휩쓸겠다는 욕심을 품고 있었다.

하지만 섣불리 동진을 공격하다가 383년 비수 전투에서 크게 졌다. 이때 딴마음을 품고 부견을 배반한 이가 있었으니, 그가 모용수였다.

"부견은 욕심이 많아서 결국 나라를 망하게 할 것이야. 지금 부견이 약해졌을 때 내가 나라를 세워야겠어."

본래 모용수는 연나라를 강하게 만든 모용황의 아들이었다. 그는 모용황을 도와 많은 공을 세웠다. 하지만 모용위가 왕위에 오르자 그에게 미움을 받았다.

'왕이 나를 미워하고 질투해서 언젠가는 나를 죽이려 들 거야. 차라리 부견의 신하가 되어야겠어.'

왕의 미움을 받던 모용수는 연나라를 배반하고 전진의 부견에게 가서 항복했다. 그리고 전진의 신하로서 많은 공을 세웠다. 그랬던 그가 또다시 부견을 배반하고 새로운 나라를 세워 왕이 되려 한 것이다.

모용수는 군사를 이끌고 유주와 기주를 차지해 나라를 세우고 나라 이름을 '연'이라고 했다. 역사에서는 모용수가 세운 연나라를 후연[2]이라고 한다.

문제는 모용수가 차지한 유주와 기주가 고구려 땅이라는 데 있었다. 이곳은 소수림왕 시절에 이미 고구려가 차지했지만 따로 관청을 세

1. 고국양왕 (?~392)
고구려 제18대 왕(재위 기간 384~391)이다. 고국원왕의 둘째 아들이자 소수림왕의 동생이다. 이름은 이련 또는 어지지이며 후연과 백제에 맞서 싸웠으나 병이 들어 왕이 된 지 7년 만에 세상을 떠났다.

2. 후연
전연이 무너진 뒤 384년에 전연의 왕족인 모용수가 다시 세운 나라다. 고구려, 북위 등과 다투다가 409년에 멸망했다.

우거나 군사를 두고 다스리지 않았다.

하지만 고구려가 다스리는 땅이라는 것은 온 세상이 다 아는 사실이었다. 당연히 고구려 조정에서는 난리가 났다.

"모용수가 유주와 기주에 군사를 끌고 와서 나라를 세웠습니다. 이는 우리를 업신여기고 도전한 것입니다."

신하들이 이렇게 말했지만 이때 고구려의 소수림왕은 병이 들어 죽어 가는 처지였다.

"어허, 내가 이렇게 병이 들어 아무 일도 하지 못하는데 나라를 위협하는 세력이 도전해 오니 어찌하면 좋단 말인가?"

소수림왕뿐만 아니라 신하들도 걱정스럽기는 마찬가지였다.

"모용수의 군사들은 수가 많고 전쟁에 뛰어나 쉽게 다룰 수가 없습니다. 대왕께서 병상에 계시니 지금 우리로서는 어찌할 도리가 없는 것 아니겠습니까?"

신하들의 말대로 고구려는 당장에 손쓸 방법이 없었다. 소수림왕 시대의 안정과 발전을 지나 고구려는 새로운 위기에 빠진 것이다.

양쪽의 적과 싸운 고국양왕

후연이 나타나 고구려에 위협이 닥쳤을 때 왕위에 오른 이가 고국양왕이다. 그는 소수림왕의 동생으로 384년 11월에 형이 아들을 남기지 않고 세상을 떠나자 신하들의 추대를 받아 고구려 제18대 왕이 되었다.

"무례하게 우리 땅을 차지하고 나라를 세운 모용수를 용서할 수 없도다. 내가 새로 왕위에 올랐으니 모두들 새로운 다짐으로 저들을 응징할 준비를 하라."

왕위에 오른 고국양왕은 후연에 대해 강경한 입장을 보였다. 그리고 군사를 준비시켜 왕위에 오른 다음 해인 385년 6월에 모용수 군대를 공격했다. 이때 보낸 고구려 군사의 수는 무려 4만 명이었다.

"도둑처럼 남의 땅에 기어든 모용수의 목을 베어 오너라."

고국양왕의 명령을 받고 고구려 군사가 출동하자 모용수도 가만히 있지 않았다.

"언젠가 이런 날이 올 줄 알았다. 이런 때를 대비해 대방의 왕을 신하로 만들어 놓았지. 여봐라, 대방 왕 좌로 하여금 용성을 지키게 하라."

모용수는 고구려에 가까운 대방 지역의 왕인 좌를 굴복시켜 그로 하여금 고구려에 맞서게 했다. 하지만 대방 왕 좌는 고구려 군의 상대가 되지 못했다. 고구려는 대방 왕의 군대를 물리치고 현도로 나아갔다.

"현도성을 정복해 모용수의 간담을 서늘하게 해 주자."

대방 왕을 물리치고 현도성까지 나아간 고구려 군은 현도성까지 무너뜨리고 남녀 1만 명을 포로로 잡아 돌아왔다.

"역시 고구려는 만만한 나라가 아니구나. 그렇다고 겁먹을 내가 아니지."

고구려에게 현도성을 빼앗긴 모용수는 이를 갈면서 군사를 준비시켜 그해 11월에 현도성을 되찾았다. 이로써 후연과 고구려의 밀고 밀리는 싸움이 시작되었다.

하지만 고구려에게는 또 다른 위협 세력이 있어서 후연과의 싸움에만 집중할 수 없었다.

"백제가 남쪽에서 우리를 치려고 준비하고 있습니다."

신하의 말을 들은 고국양왕은 크게 화를 냈다.

"아버지(고국원왕)의 원수, 백제가 또다시 발목을 붙잡는구나. 저들을 당장에 응징하고 싶지만 지금은 모용수와의 싸움이 급하니 어찌하면 좋을까?"

그러자 신하들이 말했다.

"우선 모용수의 연나라와 싸우는 일에 집중해야 합니다. 우리가 연나라와 전쟁을 벌일 때 백제가 남쪽을 치지 못하도록 일단 겁을 주는 것이 어떻겠습니까?"

"겁을 주다니?"

"백제와 전쟁은 벌이지 않되 군사를 이끌고 가서 겁을 주는 것입니다. 그러면 함부로 쳐들어올 수 없지 않겠습니까?"

이 말에 고국양왕이 고개를 끄덕였다.

"좋은 생각이다. 군사를 보내 백제를 먼저 공격하도록 해라. 다만 적당히 겁만 주고 전쟁을 크게 벌이지 말아라. 하지만 이것만으로는 마음을 놓을 수 없다. 말갈로 하여금 백제를 공격하게끔 하라. 백제가 말갈과 싸우느라 딴생각을 할 수 없도록 해야겠다."

고국양왕은 386년 8월 군사를 출동시켜 백제를 공격했다. 그리고 말갈을 압박해 백제와 싸우게 한 다음 후연을 공격할 준비를 했다.

하지만 백제도 눈치 빠르게 고구려의 속셈을 알아차리고 있었다. 그리고 고구려가 후연을 공격하려 하자 389년 9월에 고구려의 남쪽을 공격했다.

이 소식을 들은 고국양왕은 땅을 쳤다.

"지금은 연나라를 쳐야 할 때인데, 백제가 계속 골치 아프게 하는구나."

화살촉

북한의 자강도 자성군에서 출토된 것으로, 고구려 군사들이 사용하던 화살촉이다.

게다가 백제는 이듬해 9월에 다시 고구려의 도압성을 공격해 주민 200명을 포로로 잡아갔다. 이제 백제는 후연보다도 더 심각하게 고구려를 위협하는 세력이 된 셈이었다. 고구려로서는 후연과 백제를 동시에 공격해야 하는 처지가 되었다.

하지만 이렇게 중요한 때 고국양왕은 병이 들어 자리에 눕고 말았다.

"적들이 양쪽에서 나라를 위협하는 이때 병이 들어 아무것도 할 수가 없다니! 여봐라, 내 병이 심상치 않다. 나라가 위기에 빠진 이때 병든 왕이 할 수 있는 것은 없으니 왕위를 물려주고자 한다. 태자 담덕은 왕위를 이어 나라를 위기에서 구하라."

고구려사 이야기

제18대 고국양왕 가계도

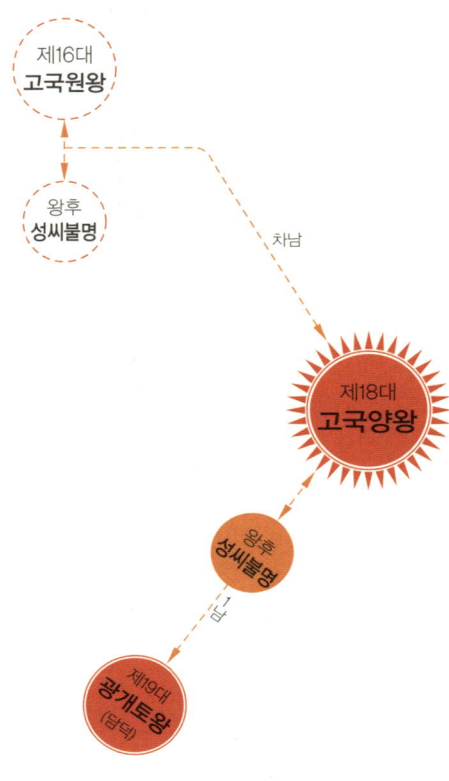

결국 고국양왕은 391년 말에 스스로 물러나 태자 담덕에게 왕위를 내주었다. 그리고 392년 5월에 세상을 떠났다.

고국양왕이 세상을 떠나고 후연과 백제의 위협으로 나라가 위기에 빠진 때, 17세 나이로 왕위에 오른 태자 담덕의 어깨는 무거웠다.

하지만 그는 후연과 백제의 위협에 맞서 당당히 싸우면서 오히려 고구려를 건국 이래 가장 강한 나라로 만들어 놓았으니, 그가 바로 유명한 광개토왕이다.

제19대 광개토왕실록

고구려의 기상을 높인 광개토왕

광개토왕시대의 세계 약사

중국에서는 전진이 멸망한 뒤 일어선 후연과 북위가 화북에서 다투었다. 하지만 후연은 남연과 북연으로 갈라지고 남연은 동진에게 멸망했다. 이 밖에 서량, 북량, 남량, 하 등의 국가들이 들어서 16국시대의 마지막을 장식했다.
서양의 서로마에서는 발렌티아누스 2세가 피살되고 테오도시우스 황제가 로마를 다시 통일했다. 테오도시우스 황제는 세상을 떠나면서 로마를 다시 두 아들에게 나눠 주었다. 이에 따라 로마는 동·서로 완전히 나누어져 몰락의 원인이 되었다.

다시 일어서는 고구려

391년 17세 나이로 왕위에 오른 광개토왕은 신하들을 불러 모아 말했다.

"아바마마께서 결단을 내려 스스로 왕위를 내놓으신 것은 나라를 위기에서 구하라는 뜻을 전하신 것이오. 경들은 지금 우리나라를 둘러싼 세력들의 움직임에 대해 말해 보도록 하시오."

신하들은 차근차근 대답했다.

"부견의 전진이 멸망하고 연나라와 양나라가 세력을 떨치고 일어났으며 얼마 지나지 않아 다시 진이 세워지고 남방의 우두머리 동진은 꾸준히 영토를 넓히는 가운데 새로 일어난 세력들과 다투고 있습니다."

"산동과 요서를 차지한 백제는 멀리 남쪽에 있는 가야와 바다 건너의 왜까지 끌어들여 연합 세력을 만들고 있습니다. 백제의 연합 세력은 고구려에 맞서는 것이 목표입니다."

"북쪽 변방에는 거란족이 점점 세력을 키워 걸핏하면 우리 백성을 잡아가고 마을에서 노략질을 하고 있습니다."

그야말로 고구려 사방에서 적들이 날뛰고 있었다. 또한 여러 나라가 서로 세력을 다투느라 전쟁의 기운이 가실 날이 없었다.

게다가 고구려는 고국원왕이 백제 군의 화살을 맞고 목숨을 잃은 뒤로 소수림왕, 고국양왕을 거치면서 전쟁에서 이긴 적이 별로 없었다. 고구려가 다스리고 있던 유주와 기주 땅을 갑작스레 차지하고 나라를 세운 후연을 응징하려 할 때 백제에게 발목이 잡혔으며, 백제를 응징하려 하다가 오히려 반격당하고

1. 광개토왕 (375~413)

고구려 제19대 왕(재위 기간 391~413)으로, 고국양왕의 맏아들이며 이름은 담덕이다. 중국의 여러 나라와 백제 등과 다투어 수많은 승리를 거두었으며 영토를 크게 넓혀 고구려의 부흥기를 열었다.

말았다. 광개토왕은 태자 시절부터 이런 나라의 사정을 무거운 마음으로 바라보고 있었다.

고구려를 위협하는 주변 상황에 대해 신하들로부터 길게 설명을 들은 광개토왕은 의연한 표정으로 입을 열었다.

"경들의 말은 잘 들었소. 주변에 강한 적들이 우리를 위협하고 있어 백성들이 불안에 떨고 있소. 이런 때일수록 조정 대신부터 마음을 크게 먹고 적과 맞서야 할 것이오. 비록 우리가 요즘 사방의 적들을 응징하지 못하고 오히려 수치를 겪었지만, 동명성왕부터 이어진 고구려의 기상은 여전히 드높아서 누구도 우리를 얕볼 수 없소. 이 어려운 때를 맞아 나는 적들을 물리치고 온 세상을 고구려의 발 아래에 두려 하니 모든 신하들은 나의 뜻에 따르기 바라오."

열 일곱 살 젊은 왕의 비장한 말에 신하들은 모두 주먹을 불끈 쥐었다.

광개토왕은 신하들을 둘러보며 다시 말을 이었다.

"여러 적에 맞서 싸우려면 먼저 가장 위협이 되는 세력부터 물리쳐야 할 것인데, 역시 지금 우리가 가장 먼저 응징해야 할 나라는 백제인가?"

그러자 신하들이 대답했다.

"그러하옵니다. 백제는 틈만 나면 우리를 무너뜨리고 대륙의 주인이 되려 하니 백제를 치지 않고서는 나라의 안정을 꾀할 수 없사옵니다."

"그렇지. 그렇다면 백제가 우리를 치기 전에 먼저 공격한다.

경들은 백제를 쳐서 무너뜨릴 준비를 철저히 하도록 하라."

고구려는 싸워 물리쳐야 할 최대 적으로 백제를 꼽고 군사를 준비하기 시작했다. 고구려는 나라를 세운 뒤 자신을 위협하는 세력에 대해서는 줄곧 먼저 공격해 무찌르곤 했으니 백제에 대해서도 마찬가지였다.

광개토왕과 고구려의 조정 대신들이 공격적인 정책을 세울 것을 가장 먼저 알아차린 세력은 한반도 동남부의 작은 나라, 신라였다.

"폐하, 신라 사신이 조용히 뵙기를 청하옵니다."

신라 사신이 찾아왔다는 말에 광개토왕은 고개를 갸웃거리며 말했다.

"신라? 남쪽의 작은 나라 말이냐?"

"그러하옵니다. 그냥 물러가라 할까요?"

하지만 광개토왕은 눈빛을 번뜩이며 말했다.

"아니다. 비록 작은 나라이기는 하나 신라는 반도의 지리와 백제의 사정을 잘 알 것이다. 우리가 백제를 응징하려면 백제의 도읍이 있는 반도에 대해서도 잘 알아야 한다. 신라가 우리에게 찾아온 것은 하늘이 돕는 것인지도 모른다."

사실 고구려는 주로 북방 대륙에 중심을 두었기 때문에 한반도에 대해서는 잘 알지 못했다. 신라는 이러한 고구려의 사정을 잘 알고 접근한 것이었다.

"그대는 왜 나를 보자고 했는가?"

광개토왕이 묻자 신라 사신이 대답했다.

"폐하, 신라는 반도의 동남쪽 바닷가에 자리 잡고 있습니다. 그래서 바다 건너에 있는 왜에게 자주 침략을 당합니다. 왜는 백제와 한통속이 되어 저희를 괴롭히고 있으니, 저희가 폐하의 힘을 얻어 저들을 물리치고자 합니다. 백제는 가야, 왜 등과 연합해 세력을 키우고 있으니 폐하께서 저희 손을 잡으신다면 큰 도움이 되리라 믿습니다."

광개토왕은 신라 사신의 말에 고개를 끄덕였다. 이리하여 고구려는 신라와 손잡고 백제 연합 세력과 맞서게 되었다.

이를 알게 된 백제가 가만히 있을 리 없었다.

"신라가 고구려에 빌붙어서 우리를 곤경에 빠뜨리다니! 저들을 당장 요절내리라."

백제 왕실이 성난 기세로 신라를 치려 하자 신라는 고구려에 도움을 요청했다.

"폐하, 백제가 저희를 치려 하니 이때 저들을 응징하시옵소서."

광개토왕은 신하들을 모두 모아 놓고 말했다.

"드디어 백제를 치고 나라의 오랜 수치를 갚을 때다. 즉각 군사를 준비시키도록 하라."

광개토왕의 선언에 신하들이 물었다.

"그러면 반도의 백제 도읍지를 치는 것이옵니까?"

"아니다. 산동의 요서군과 진평군에 백제 군사 3만 명이 있으니 먼저 백제의 대륙 기지를 쳐야 한다. 그렇지 않고 반도부터 치면 오히려 우리가 뒤통수를 맞을 것이다. 4만 명의 군사로 백제의 요서 기지를 공격하라."

392년 7월 고구려 군대는 요서의 백제 성을 공격해 10개 성을 무너뜨렸다. 고구려가 백제를 상대로 거둔 실로 오랜만의 승리였다.

"백제 군을 물리쳤다!"

"이대로 백제를 완전히 요절내자!"

군사들은 드높은 사기를 뽐내며 외쳤지만 광개토왕은 다른 명령을 내렸다.

"백제를 치기 위해 더 멀리 가기 전에 북방의 걱정거리부터 해결해야겠다. 북쪽 거란족의 땅을 공격해 다시는 우리의 변방을 넘보지 못하게 하라."

고구려가 백제와 싸우느라 정신없는 사이 거란족은 고구려의 변방을 넘나들며 1만 명의 백성을 잡아갔기 때문에 이를 신경 쓰지 않을 수 없었다.

광개토왕은 백제의 10개 성을 빼앗은 다음 9월에 거란의 본토를 공격했다.

고구려 대군이 몰려오고 있다는 소식을 들은 거란 군은 지레 겁을 먹고 달아났다. 광개토왕은 미처 달아나지 못한 거란족 500명을 포로로 붙잡고 끌려갔던 1만 명의 백성을 도로 데리고 오게 했다. 그리고 다시 말 머리를 백제의 대륙 기지를 향해 돌렸다.

하지만 백제는 크게 두려워하지 않았다. '관미성'이라는 최고 요새가 있었기 때문이다.

"지금 고구려의 기세가 아무리 좋다고 하나 관미성을 넘지는 못할 것이야."

"그럼, 주위가 바다와 좁은 계곡으로 둘러싸인 관미성은 귀신이라도 넘볼 수 없지."

백제 왕실과 군사들은 이렇게 안심하고 있었다. 그도 그럴 것이 관미성은 그 어떤 성과도 견줄 수 없는 요새로, 그 누구도 쉽게 넘볼 수 없는 지형 속에 있었기 때문이다. 관미성은 요서 지역을 지키는 백제의 최후 기지로 이곳을 빼앗기면 백제는 황하 남쪽으로 밀려나야 했다. 그렇기 때문에 관미성을 지키는 백제 군의 기세도 만만치 않았다.

광개토왕과 신하들은 관미성을 어떻게 칠 것인지를 놓고 밤새 토론했다.

"사방이 바다와 절벽으로 둘러싸인 관미성을 어떻게 쳐야 하겠는가?"

광개토왕의 물음에 신하들은 고개를 가로저으며 말했다.

"아무래도 관미성을 정복하기는 힘들 것입니다. 무리하게 공격했다가 오히려 큰 손해를 입을 수도 있습니다."

하지만 광개토왕의 의지는 굳었다.

"아니다. 이번에 관미성을 빼앗지 못하면 우리는 별다른 소득 없이 돌아가야 한다. 반드시 관미성을 쳐서 백제 세력을 하수(황하) 남쪽으로 쫓아 버려야 한다."

그리고 다시 명령했다.

"백제 군은 지형만 믿고 안심하고 있으니 군사를 일곱 부대로 나누어 일곱 방면에서 총공격하도록 하라. 우리 병사들이 이토록 용맹한데 좋은 전략을 쓰면 빼앗지 못할 성이 세상에 어디 있겠느냐?"

광개토왕의 명령대로 고구려 군사들은 392년 10월 천하 제일의 요새 관미성을 일곱 방면에서 공격해 20일 만에 점령하는 데 성공했다. 이는 백제의 대륙 기지를 황하 남쪽으로 밀어내는 큰 성과였을 뿐만 아니라 고구려가 마침내 백제를 압도하기 시작한 출발점이었다.

또한 광개토왕이 번개 같은 속도로 나아가 백제의 성을 빼앗는가 하면 거란을 제압하고 뛰어난 전술로 관미성까지 차지하자 주변의 모든 세력이 고구려의 기세를 두려워하게 되었다. 광개토왕은 왕위에 오른 지 1년 만에 18세 나이로 고구려의 기상을 온 세상에 떨치기 시작했다.

2. 진사왕 (?~392)

백제 제16대 왕(재위 기간 385~392)이다. 근구수왕의 둘째 아들이자 침류왕의 동생이다. 침류왕이 세상을 떠나자 나이 어린 태자를 대신해 왕위에 올랐다. 광개토왕에게 지고 아신왕에 의해 죽음을 당했다.

광개토왕 앞에 무릎 꿇은 백제의 아신왕

광개토왕이 백제의 대륙 기지를 공격해 10개 성을 점령할 당시 백제 왕은 진사왕[2]이었다. 진사왕은 광개토왕에 대해 신하에게 물었다.

"고구려의 왕은 어떤 사람이냐?"

"나이는 어리지만 담이 크고 특히 군사 부리는 기술이 매우 뛰어난 사람인 듯합니다."

진사왕도 신하의 말에 고개를 끄덕였다. 그리고 마음속으로 이런 생각을 했다.

'고구려 왕이 전쟁에 매우 뛰어난 자임에 틀림없다. 그렇지 않고서야 이제까지 우리 군사들에게 지던 고구려 군사들을 데리고 순식간에 10개 성을 차지할 수는 없다. 그런 사람과 정면으로 싸우면 내 목숨이 위태로워. 그래도 관미성만큼은 어쩔 수 없을 거야. 아무리 뛰어난들 날개도 없는데 절벽과 바다로 둘러싸인 관미성을 빼앗을 수 있겠어? 전쟁은 군사들에게 맡겨 놓고 사냥이나 떠나야겠다.'

진사왕은 관미성이 고구려에게 공격당하고 있을 때 사냥을 떠나 나랏일을 돌보지 않았다. 이 때문에 백제 조정은 발칵 뒤집혔다.

"지금 고구려의 기세가 심상치 않은데 폐하께서는 왜 궁으로 돌아오지 않으신단 말인가?"

"폐하의 결정이 없으니 관미성 전투에 명령을 내릴 수가 없지 않은가? 관미성만큼은 꼭 지켜 내야 하는데, 이 일을 어찌한단 말인가?"

백제 조정 대신들이 발을 동동 구르고 있는 사이 관미성은 20여 일 만에 고구려 손에 넘어가 버렸다. 이 때문에 백성과 신하들의 원망이 곳곳에서 터져 나왔다. 특히 진사왕의 조카인 아방은 주먹을 불끈 쥐고 울분을 토했다.

"내가 나이가 어려 왕위를 물려받지 못하고 삼촌이 왕이 되더니 나라가 이 모양이 되어 가는구나. 고구려가 쳐들어와 나라가 위기에 빠졌는데 사냥이나 하러 다니는 왕은 이미 왕이 아니다. 내가 군사를 일으켜 지금의 왕을 쫓아내리라."

아방은 곧 진사왕을 없애 버리고 스스로 왕위에 올랐다. 그가 백제의 제17대 아신왕이다. 아신왕은 고구려에게 빼앗긴 관미성을 되찾는 데 매우 적극적이었다. 그는 침착하고 지략이 뛰어나 군사들의 존경을 받는 진무 장군을 불렀다. 진무 장군은 아신왕의 외삼촌이기도 했다.

"진무 장군은 들으시오. 관미성은 대륙을 지키는 우리의 요새임을 잘 알 것이오. 그 땅을 지금 고구려가 차지하고 있으니 과인은 이것이 너무도 분하오. 그대는 관미성을 되찾아 지난날의 치욕을 갚기 위해 모든 노력을 다하도록 하시오."

진무 장군은 393년에 마침내 1만 명의 군사를 이끌고 관미성을 향해 나아갔다. 이 소식을 들은 광개토왕은 관미성을 지키는 군사들에게 명령을 내렸다.

"관미성은 적은 군사로 많은 군사를 막아 낼 수 있는 천하제일의 요새다. 철저히 지키는 데만 힘을 기울이면 백제 군은 제풀에 지쳐 돌아갈 것이니 용감하게 성을 지켜 싸우라."

이 싸움은 광개토왕의 말 그대로 되었다. 진무 장군은 무서운 기세로 관미성을 에워쌌지만 좀처럼 고구려의 방어망을 뚫지 못해 그냥 돌아갈 수밖에 없었다.

진무 장군은 이듬해에 다시 군사를 이끌고 관미성 공격에 나섰다. 그는 반드시 관미성의 방어벽을 뚫겠다는 다짐으로 갖은 방법을 연구해 군사들을 이끌고 나갔다.

진무 장군이 다시 관미성 공격에 나서자 광개토왕은 군사들

3. 아신왕 (?~405)
백제 제17대 왕(재위 기간 392~405)으로 침류왕의 맏아들이다. 광개토왕에게 크게 져서 무릎을 꿇고 항복하는 수모를 겪었다.

을 불러 모아 말했다.

"지금 백제 군은 오직 관미성만 쳐다보느라 다른 생각을 하지 못한다. 지난번에 우리가 오직 성을 지키면서 전투를 벌였기 때문에 이번에도 저들은 우리가 방어만 할 것이라고 생각할 것이다. 기회는 이때다. 내가 직접 나서서 백제 군을 무찌르리라."

광개토왕은 직접 군사 5,000명을 이끌고 나서서 진무 장군이 이끄는 백제 군을 크게 물리쳤다. 광개토왕은 싸움에서 이긴 뒤 백제의 침입에 대비해 성을 7개 더 쌓았다.

백제는 395년 8월에 다시 쳐들어왔지만 광개토왕은 이때에도 직접 군사 7,000명을 이끌고 나서서 백제 군 8,000명을 죽였다. 이로써 관미성 주변의 땅은 완전히 고구려 차지가 되었다. 또한 광개토왕은 백제를 물리친 기세를 몰아 북쪽의 거란족을 쳐서 고구려를 넘보지 못하게 했다.

관미성을 되찾기 위해 세 차례나 군사를 보냈지만 싸움에서 진 백제의 아신왕은 분통을 터뜨렸다.

"어떻게 세 번이나 전투를 벌여 단 한 번도 이기지 못한단 말인가? 안 되겠다. 내가 직접 바다를 건너 대륙으로 건너가 고구려를 응징하리라."

아신왕은 11월에 군사 7,000명을 이끌고 바다를 건넜다. 하지만 이때 큰 눈이 내리는 바람에 어쩔 수 없이 군사를 되돌려야 했다.

아신왕이 직접 고구려를 치려 했다는 소식을 듣고 광개토왕은 생각했다.

'백제 왕이 용감하고 굳센 데가 있구나. 관미성을 빼앗기고 그 뒤 계속 졌으면 겁을 집어먹을 만도 한데, 오히려 자신이 직접 군사를 이끌고 나서다니……. 도저히 그냥 내버려 둘 수 없는 위험한 자로구나.'

광개토왕은 신하들을 불러 모아 말했다.

"이제껏 과인이 백제의 대륙 기지를 공격해 차지한 이유는 그들이 대륙의 길을 통해 우리를 치지 못하게 하기 위해서였다. 이제 관미성을 빼앗고 대륙에서 그들을 제압했으니 백제의 도읍을 치고 백제 왕을 처단해야 할 때가 왔도다. 백제를 총공격하도록 군사들을 준비시키도록 하라."

고구려가 백제 왕궁으로 나아가려 한다는 소식은 아신왕에게도 전해졌다.

하지만 아신왕은 전혀 겁을 먹지 않았다.

"고구려는 반도 지리에 익숙하지 않은 데다가 이곳으로 오려면 반드시 아리수(한강)를 건너야 한다. 아리수는 매우 큰 강이라 고구려 군사가 건너지 못하게 지키면 될 것이다."

아신왕의 생각은 일리가 있었다. 고구려는 주로 기마 부대를 앞세워 백제 군과 싸워 왔기 때문에 아신왕은 이번에도 고구려군이 말을 타고 육지로 달려올 것이라고 생각했다. 말을 탄 군대가 큰 강을 건너는 것은 쉬운 일이 아니었다.

하지만 고구려는 기마 부대를 앞세운 육상 전투에만 뛰어난 것이 아니었다. 고구려는 이미 태조왕 시절부터 강한 수군을 가지고 있었다. 태조왕 때 고구려 수군은 동해(지금의 황해)를 휩쓸고 다녔다.

광개토왕은 백제에 대한 총공격을 명령하면서 수군을 준비시켰다.

"과인이 반도의 지리를 보니 백제의 왕궁을 치려면 아리수를 건너야 한다는 사실을 알게 되었다. 그래서 이번 전쟁은 배를 타고 바다를 건너 치를 것이다."

396년 봄, 드디어 고구려 군사들이 엄청난 수의 배를 타고 백제로 향했다. 이때 백제 군은 아리수 건너편에 자리 잡고 고구려 군이 넘어오지 못하게 준비하고 있었다.

하지만 백제 군 앞에 나타난 것은 수많은 전투 배였다. 고구려 군사들이 탄 배가 아리수를 가득 메우며 나타난 것이다.

그러자 백제 군사들은 물론 아신왕과 신하들은 크게 당황했다.

"고구려가 바다를 건너 공격해 올 줄은 꿈에도 몰랐구나. 그들이 배를 타고 왔으니 아리수는 지킬 수 없다. 당장 군사들을 도성으로 불러들여라."

아신왕의 명령으로 백제 군은 도성에 모두 모여 성을 지키는 데 온 힘을 다했다.

하지만 이미 승리의 기운은 고구려에 가 있었다. 생각지도 않게 배를 타고 나타난 고구려 군 앞에 백제 군은 감히 맞설 생각을 하지 못했다.

"아! 이렇게 무너지는 것인가? 우리의 완전한 패배로다. 고구려 왕에게 포로와 재물을 바치겠으니 왕실만은 지키게 해 달라고 전해라."

아신왕은 눈물을 삼키며 남녀 1,000명을 포로로 바치고, 베 1,000필을 바치며 고구려에 항복했다. 광개토왕은 항복의 뜻을 전한 아신왕에게 다음과 같은 말을 전하게 했다.

"과인이 백제 왕궁으로 가겠으니 백제 왕은 신하의 예를 갖춰 과인을 맞이하라고 전해라."

그리하여 아신왕은 도성 밖으로 나가 광개토왕을 맞이하면서 절을 하며 항복을 맹세했다. 광개토왕은 무릎을 꿇고 고개 숙인 아신왕에게 말했다.

"그대는 앞으로 나에게 신하의 도리를 다하도록 하라. 이제부터 백제는 고구려의 신하국이다. 내가 그 징표로 너희 왕족과 대신 열 명을 고구려로 데리고 가겠다. 알겠느냐?"

아신왕은 광개토왕의 말을 그대로 따를 수밖에 없었다. 바야흐로 백제 군의 화살에 맞아 죽은 고국원왕의 원한을 갚고 고구려가 백제를 완전히 제압하는 순간이었다.

이 승리로 고구려는 한강 위쪽

의 58개 성과 700개 촌을 차지했으며, 이곳에 하평양을 세웠다. 평양은 대륙에 있는 고구려의 도읍인데 이곳을 하평양이라고 부른 것은 작은 도읍을 세워 다스리겠다는 뜻이었다. 줄곧 대륙에서 세력을 뻗어 나가던 고구려가 한반도에 본격적으로 나서게 된 것은 바로 이때부터였다.

신라에 쳐들어온 왜를 쫓아낸 광개토왕

광개토왕이 바다 건너 백제 왕궁까지 점령하고 아신왕의 항복을 받아 내자 고구려와 백제의 오랜 다툼은 마침내 끝난 듯했다.

하지만 한 번 항복했다고 해서 잠자코 고구려의 신하가 될 아신왕이 아니었다.

"오늘의 치욕을 결코 잊지 않으리라. 반드시 힘을 키워 빼앗긴 땅을 되찾고 고구려를 응징하리라."

아신왕은 397년 5월에 태자 전지를 불러 말했다.

"지금 우리의 힘만으로는 고구려에 맞서기 어렵다. 네가 왜국으로 건너가 도움을 청하도록 해라."

백제와 왜는 아주 가까운 동맹 관계로 연합을 이루고 있었다. 왜는 심지어 뒷날 백제가 신라에게 무너졌을 때 직접 군사를 보내 신라 군을 물리치려 할 정도였다. 당시 백제와 왜는 형제 나라처럼 굳게 손을 잡고 있었다.

아신왕은 왜에 도움을 청하는 한편, 398년 3월에는 고구려를 치기 위한 기지인 쌍현성을 쌓았다. 아신왕의 움직임을 본 광개토왕은 군사들에게 명령했다.

"아리수를 건너 백제를 치고 백성들을 포로로 잡아 오도록 하라."

이 명령대로 고구려 군은 398년 백제의 변경을 치고 백제 사람 300명을 잡아갔다. 백제가 아리수 위쪽을 넘보지 못하게 하기 위해서였다.

그러자 아신왕은 크게 분노하며 말했다.

"도저히 참을 수 없다. 지금 당장 고구려를 공격할 군사를 준비시키도록 하라. 그리고 왜에 사신을 보내 신라를 치게 하라. 신라를 치면 고구려가 지원군을 보낼 것이니, 그 틈에 내가 군사를 이끌고 고구려를 칠 것이다."

왜는 399년에 큰 규모의 수군을 이끌고 신라를 공격했다. 이 소식을 들은 광개토왕이 신하들에게 말했다.

"지금 왜가 신라를 치는 것은 백제가 우리를 치도록 도우려는 것이다. 분명 신라에서 도움을 요청할 것이니 내가 하평양으로 내려가 사정을 살피겠다."

광개토왕은 하평양에 가서 군사들을 둘러보며 백제의 움직임을 살폈다. 과연 광개토왕의 생각대로 신라의 사신이 다급하게 하평양으로 찾아왔다.

"폐하, 지금 왜군이 쳐들어와 온 나라를 쑥대밭으로 만들고 있으니 어서 도와주시옵소서."

광개토왕은 기다렸다는 듯이 말했다.

"알았다. 왜군을 몰아내고 너희를 구해 줄 것이다."

광개토왕은 신라를 돕기 위해 군사를 보낼 결심을 했지만 신하들이 이를 말렸다.

"폐하, 연나라의 움직임이 심상치 않습니다. 우리가 백제와 다투고 있는 사이 저들이 서북쪽 변경을 넘보고 있습니다. 함부로 신라에 군사를 보낼 때가 아닌 듯하옵니다."

그랬다. 화북 지역에서 새로운 강자로 떠오른 후연은 호시탐탐 고구려를 노리다가 399년 2월에 3만 명의 군사를 이끌고 고구려에 쳐들어와 북쪽의 신성과 남소성을 차지했다. 눈 깜짝할 사이에 고구려의 700리 땅이 연나라로 넘어갔다.

광개토왕은 후연의 움직임에 긴장하면서 신라에 군사 보내는 것을 잠시 미루었다.

하지만 신라의 상황은 돌이킬 수 없이 다급하게 돌아갔다.

"폐하, 온 나라가 불타고 백성들이 죽어 가고 있습니다. 곧 왕궁마저 무너질지도 모릅니다. 한시바삐 도와주시옵소서."

광개토왕은 신라 사신의 간절한 요청을 받고 군사를 모아 명령했다.

"신라는 과인의 신하국이니 마땅히 지켜 주어야 한다. 너희는 왜군을 무찌르고 신라를 구하도록 하라."

마침내 400년에 군사 5만 명을 신라로 보냈다. 대신 광개토왕은 도성에 머무르며 후연의 움직임을 살폈다. 동맹국인 신라를 돕되 후연의 침략 위협에는 자신이 직접 맞서기로 한 것이다.

한편 고구려의 5만 대군이 몰려오고 있다는 소식을 들은 왜군은 크게 겁을 먹었다.

"고구려 왕은 한 번도 지지 않은 전쟁의 신이라고 하니, 어서 돌아가자."

"어차피 고구려가 신라를 도와 군사를 보내게끔 하려고 한 것이니까 이쯤에서 돌아가자. 이제 백제가 고구려를 칠 것이야."

왜군은 고구려 군과 싸워 보지도 않고 발을 빼기 시작했다. 그러자 고구려 군은 고삐를 늦추지 않고 왜군을 쫓아가 그들이 모두 달아나게 했다.

신라는 이 일로 고구려에 크게 감사했다.

"폐하의 은혜에 감사하며 신하의 예를 갖추어 조공을 바치겠나이다."

신라의 내물왕은 고구려를 정성껏 대우하면서 감사의 뜻을 전했다.

고구려가 신라를 도와 왜군을 몰아냈다는 것은 뜻하는 바가 크다. 먼저 대륙을 무대로 활약하던 고구려 군사가 반도 남쪽 끝까지 직접 나아가 한반도 전체가 고구려의 영향권이 되었음을 뜻한다. 또한 바다 건너에 있는 왜군을 몰아낸 것은 고구려의 위세가 아시아 동쪽 끝까지 퍼졌다는 것을 뜻한다.

호우

신라 무덤에서 출토된 둥근 청동 그릇이다. 그릇 밑바닥에 '을묘년 국강상광개토지호태왕호우십'이라는 글자가 새겨져 있어 당시 고구려와 신라의 관계를 짐작할 수 있다.

국립중앙박물관 소장

하지만 정작 왜군으로 하여금 신라를 치게 한 백제는 아무런 성과를 보지 못했다. 왜군이 고구려 군을 지나치게 두려워한 나머지 너무 빨리 군사를 빼는 바람에 고구려를 칠 기회도 갖지 못한 것이다. 백제의 아신왕은 발만 동동 구르며 분을 삭일 뿐이었다.

위기를 이겨 내고 천하를 손에 넣은 광개토왕

신라에 군사를 보내 싸움 한 번 하지 않고도 왜군을 몰아내고 신라의 조공까지 받게 된 고구려는 기세가 더욱 높아졌다.

광개토왕은 이 기세를 바탕으로 고구려에 쳐들어왔던 후연을 응징하는 길에 나섰다.

"감히 고구려를 넘본 연나라를 치고 빼앗긴 성을 되찾도록 하라. 더 나아가 연나라 도성을 점령해 왕의 목을 베어라."

광개토왕은 402년에 군사를 보내 빼앗겼던 신성과 남소를 되찾고 후연의 평주를 공격했다. 이에 평주 자사 모용귀가 성을 버리고 도망갔고, 고구려 군은 평주를 차지한 뒤 계속 유주를 향해 나아갔다. 그러다가 404년 11월에 마침내 후연의 도성을 향해 치달았다. 소수림왕이 병들어 누워 있을 때 고구려 땅을 점령하고 나라를 세운 후연을 단숨에 무너뜨릴 기세였다.

하지만 이때 고구려의 발목을 잡은 나라가 있었으니, 역시 백제였다.

"백제가 수군을 이끌고 대방 지역을 공격해 왔습니다."

"왜의 수군까지 함께한 연합군입니다."

이때 고구려의 주력군은 연나라 유주에 가 있었다. 백제와 왜의 연합군은 고구려가 연나라 깊숙한 곳까지 들어간 틈을 타서 쳐들어온 것이다. 백제와 왜의 연합군은 산동에 모여 고구려를 공격해 왔다.

"아차, 이 중요한 때 백제에 대한 경계를 소홀히 했구나. 자칫하면 양쪽 적과 동시에 싸워야 하는 어려운 지경에 빠지겠구나."

광개토왕은 이렇게 탄식하며 평양의 정예 병력을 총동원해 백제 군에 맞섰다. 이때 백제와 왜의 연합군은 갑작스런 공격으로 큰 성과를 올리고 있었다. 잘못하면 백제와 왜의 연합군이 대방 지역을 점령하고 고구려에 큰 타격을 안겨 줄 수도 있었다. 이는 광개토왕이 관미성을 차지하며 백제의 대륙 기지를 황하 남쪽으로 밀어 버린 성과를 모두 잃게 할 수 있는 위기였다.

이렇게 되자 유주로 나아가 연나라를 공격하던 고구려 군도 돌아올 수밖에 없었다. 연나라 군대는 이 기회를 놓치지 않고 반격해 고구려는 요동성까지 밀렸다. 양쪽의 적이 동시에 밀고 들어오자 광개토왕은 최대 위기에 빠졌다.

"먼저 백제와 왜의 연합군을 온 힘을 다해 막아 내고 연나라 군은 요동성에서 막도록 하라."

이렇게 양쪽에서 힘겹게 전투를 펼친 끝에 고구려는 가까스로 위기에서 벗어날 수 있었다. 백제와 왜의 연합군을 막아 냈

광개토왕 영토 확장도

광개토왕의 영토 확장 전쟁을 그린 기록화. 후연을 공격하는 모습이 생생하게 그려져 있다.

전쟁기념관 소장

을 뿐만 아니라 요동성에서도 연나라 군대를 막아 냈다.

하지만 이때 고구려는 많은 군사와 백성들이 죽고 성이 불타는 큰 피해를 입었다.

광개토왕은 이 일이 있은 뒤 어금니를 깨물며 다짐했다.

'대륙에서 백제 세력을 완전히 몰아내지 못하면 양쪽의 적과 싸워야 하는 어려운 처지에 빠질 것이다. 반드시 백제를 무찔러야겠다.'

그리고 407년 2월 평양 동황성과 평양성을 고치고 군사 5만 명을 이끌고 백제 공격에 나섰다.

"신하의 맹세를 저버리고 고구려에 칼을 들이댄 백제를 철저히 쳐부수어라. 다시는 대륙에서 백제 군이 일어설 수 없도록 사방에서 포위해 완전히 무찔러라."

광개토왕은 단순히 백제 군을 몰아내는 전술이 아니라 사방에서 에워싸고 압박하는 전술을 썼다. 이 전쟁으로 대륙에 남아 있던 백제와 왜의 연합군은 완전히 무너졌고 백제의 6개 성을 빼앗았다.

그렇다고 대륙의 백제 세력이 완전히 사라진 것은 아니었다. 다만 더 이상 고구려를 넘볼 수 없게 되었다. 어쨌든 늘 뒤통수를 치며 발목을 잡던 백제를 무찌른 것만은 틀림없었다.

그 무렵 후연은 나라가 무너져 남연과 북연으로 갈라졌다. 고구려와 영토를 맞대고 있는 북연의 왕은 고운이었는데, 그는 모용보의 양자였지만 고구려 출신이었다. 그런 까닭에 고운은 고구려와 가깝게 지내려 했고 이로써 고구려의 서북쪽 변방은 안정되었다.

이리하여 고구려는 한반도의 신라에서부터 서북쪽의 북연에 이르기까지 드넓은 영토를 가지고 동아시아에서 가장 강한 나라가 되었다. 고구려의 최대 경쟁 세력이던 백제는 광개토왕에 의해 대륙에서 그 세력이 매우 약해졌고 더 이상 고구려를 위협할 수 있는 세력은 없었다.

광개토왕은 17세에 왕위에 올라 20년 동안 사방의 세력과 수많은 전쟁을 벌여 온 세상을 손에 쥐었다. 물론 당시 고구려는 동아시아에서 가장 강한 나라였지만 같은 시대의 세계

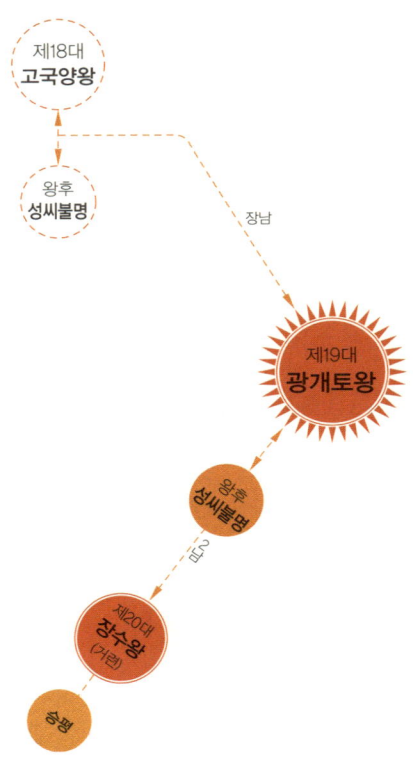

모든 나라와 견주어도 뒤지지 않는 강대국이 되었다.

하지만 거의 20년 동안 전쟁을 치르느라 고구려 백성들은 매우 지쳐 있었다. 후연, 거란, 백제 등이 사방에서 고구려를 위협하는 현실에서는 어쩔 수 없는 일이었다.

광개토왕은 마침내 온 세상을 평정하고 고구려를 위협하는 세력을 없애고 나자 409년에 왕자 거련을 태자로 삼고, 평양 백성을 동쪽에 새로 지은 6개 성에 옮겨 살게 했다. 또한 백제에게서 빼앗은 남쪽 지역을 직접 다니면서 백성들을 위로했다. 410년에는 무너져 가는 동부여를 정벌해 조공을 약속받았다. 이때 동부여의 많은 귀족이 고구려에 귀순했다.

이렇게 광개토왕은 주변 국가들을 모두 평정해 고구려의 위상을 드높인 뒤, 말기에는 오랜 전쟁으로 지친 백성을 다독이며 나라를 평안하게 하는 데 온 힘을 기울였다. 그리고 413년 10월 39세 나이로 세상을 떠났다. 그의 능은 국강상에 마련되었고, 묘호(왕이 죽은 뒤 붙이는 이름)는 '국강상광개토경평안호태왕'이라 했다. 짧게는 '영락제' 또는 '광개토왕'이라고 한다.

고구려사 깊이 읽기

광개토왕릉비를 통해 알 수 있는 것은 무엇일까?

오늘날 우리가 광개토왕과 고구려 역사에 대해 비교적 자세히 알 수 있는 것은 광개토왕릉비가 있기 때문입니다. 광개토왕릉비는 중국 길림성 통화전구 집안시 태왕촌 대비가에 있지요.

이 능비는 장수왕이 414년에 세웠는데 발해 때까지 제대로 보전되었습니다. 하지만 발해가 망하고 요를 세운 거란이 그곳을 차지하면서 능비는 사람들에게 잊혀져 갔지요. 그리고 요를 멸망시킨 여진족이 금을 세운 뒤에는 광개토왕릉비가 금 왕조의 능비로 여겨졌답니다.

명나라 시절에도 마찬가지였습니다. 명을 멸망시킨 여진족이 다시 청을 세우면서 그곳을 자기 민족의 고향이라 하여 들어오지 못하게 했어요. 이 때문에 조선시대의 학자 이수광은 광개토왕릉비를 금나라 시조의 비라고 기록하기도 했지요. 이 무렵 능비는 땅속에 묻혀 있었습니다.

19세기에 이르러 청나라는 집안을 드나들 수 있게 했습니다. 이에 따라 그곳에 사람들이 살면서 농사를 짓기 시작했어요. 그리고 1880년경 땅을 갈던 농부 한 사람이 이 비석을 발견해 관청에 신고함으로써 능비는 다시 빛을 보게 되었습니다. 사라질 뻔한 역사의 기록이 되살아나는 순간이었지요.

그 뒤 중국과 일본이 경쟁적으로 능비에 새겨진 비문을 연구하기 시작했는데, 일본 학자들이 비문에 석회 칠을 하는 바람에 비에 새겨진 글자가 변해 일부 내용은 정확하지 않습니다. 일본은 이 비문을 자신의 입맛대로 해석해 역사를 왜

곡하는 데 이용했지요.

어쨌든 광개토왕과 고구려 역사에 대한 가장 중요한 기록으로 남아 있는 이 능비에서 우리는 또 하나의 중요한 사실을 알 수 있습니다. 바로 고구려 왕의 이름에 대한 것이지요.

광개토왕의 정식 묘호는 '국강상광개토경평안호태왕'입니다. 이는 '국강상에 묻혀 있으며, 땅의 경계를 넓혀 평안을 가져다준 훌륭하고 위대한 왕'이라는 뜻이지요. 이는 고구려 왕의 묘호가 어떻게 만들어지는지를 보여 주는데, 간단하게 표시해 보면 다음과 같습니다.

광개토왕릉비

장수왕이 아버지 광개토대왕의 업적을 기리기 위해 414년에 세운 비석이다. 이 사진은 1913년에 촬영된 것이다.

중국 길림성 집안시

고구려 왕 묘호=
능의 위치(또는 능의 이름)+업적+왕의 짧은 이름(시호)+꾸미는 말

'국강상광개토경평안호태왕'에서 왕의 이름은 '평안왕'이라 할 수 있다. 호태왕은 '훌륭하고 위대한 왕'이라는 말이고 국강상은 무덤의 위치, 광개토는 업적을 나타내지요.

이를 통해 우리가 흔히 쓰는 고구려 왕의 이름이 잘못되었다는 사실을 알 수 있어요.

고구려 왕 가운데에서 12명의 왕은 능의 위치와 왕의 이름이 똑같습니다. 예를 들어 고구려 제4대 민중왕의 이름은 무덤이 있는 '민중원'에서 따왔어요. 또한 모본왕(5대), 고국천왕(9대), 산상왕(10대), 동천왕(11대), 중천왕(12대), 서천왕(13대), 봉상왕(14대), 미천왕(15대), 고국원왕(16대), 소수림왕(17대), 고국양왕(18대) 등도 그렇습니다.

사실 세계 어느 역사에도 왕이 묻힌 곳의 지역 이름과 왕의 이름이 같은 경우는 없습니다. 고국천에 묻혔다고 해서 고국천왕이고, 중천에 묻혔다고 해서 중천왕이라는 식입니다. 이는 마치 '서울 종로에 무덤이 있는 김철수 씨'를 '서울 종로 씨'라고 부르는 것과 같아요.

왜 이렇게 고구려 왕의 이름을 엉뚱하게 붙였을까요? 이는 《삼국사기》를 쓴 고려의 학자 김부식이 고구려 왕의 묘호가 만들어지는 방식을 전혀 몰랐기 때문입니다. 오늘날 우리가 알고 있는 고구려 왕의 이름은 모두 《삼국사기》에서 나왔는데, 고려시대의 김부식은 고구려 왕의 능 위치를 왕의 이름으로 오해했지요.

《삼국사기》를 만들 때 정식 묘호를 찾으려는 노력을 전혀 하지 않았다는 것입니다. 그 결과 무려 12명이나 되는 왕의 묘호가 무덤이 있는 지역 이름으로 불리게 되었습니다.

그러나 능호(왕릉 이름)를 죽은 왕을 부르는 이름으로 쓰는 것이 전혀 틀린 것은 아닙니다. 조선시대에도 능호를 죽은 왕을 부르는 이름으로 쓴 경우가 허다했기 때문이지요.

하지만 능호를 왕을 가리키는 정식 이름으로 쓰는 것은 옳지 않습니다.

다행히 오늘날 광개토왕릉비가 발견되어 고구려 왕의 이름이 잘못 알려졌다는 것을 알게 되었습니다. 하지만 1,000여 년 전에 지어진 역사책 이래로 고구려 왕의 이름이 엉뚱하게 기록되어 본래 이름은 알 수 없게 되었습니다. 다만 왕의 무덤이 있는 위치만 남았지요.

제20대 장수왕실록

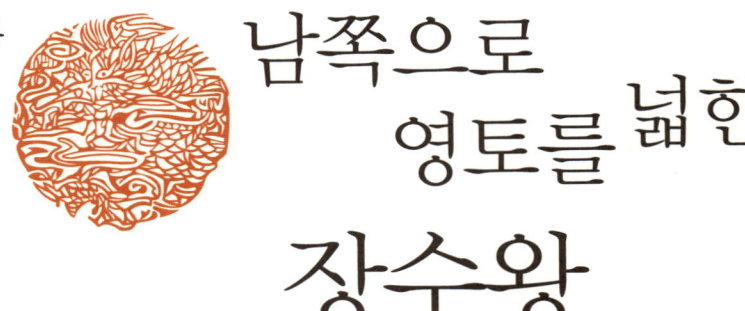

남쪽으로 영토를 넓힌 장수왕

혼란스런 중국과 강한 나라로 성장하는 고구려

장수왕은 광개토왕의 맏아들이며, 이름은 '거련'이다. 394년에 태어나 409년 태자에 책봉되었고, 413년 10월 광개토왕이 세상을 떠나자 20세 나이로 고구려 제20대 왕에 올랐다.

장수왕이 왕위에 오른 지 7년이 지난 420년 무렵에는 중국 대륙에서 커다란 변화의 소용돌이가 일었다.

"폐하, 동진의 장군 유유가 왕이 되어 나라를 세웠다고 합니다."

장수왕은 신하가 전해 준 이 소식에 깊은 관심을 가졌다.

"유유가 어쩌다가 왕이 되었단 말이냐?"

"동진이 지난 시절 농민 봉기로 혼란스러웠는데, 그 틈에 유

장수왕시대의 세계 약사

중국은 남북조시대로 들어섰다. 북쪽에서는 북위가 화북을 통일했고, 남쪽에서는 420년에 동진을 무너뜨린 송이 새 왕조를 일으켰다. 하지만 송은 북위의 압박과 정권 다툼에 시달리다 8대 59년 만인 479년에 무너지고, 소도성에 의해 제 왕조가 일어났다.
서양은 엄청난 격동기를 맞이했다. 415년에 왕국을 세운 서고트족은 418년에 스페인을 점령했다. 게르만 용병 대장 오도아케르가 476년 어린 황제 로물루스 아우구스툴루스 황제를 폐하면서 서로마는 무너지고 게르만족이 유럽을 점령했다.

유 장군이 세력을 키워 동진을 뒤집어엎고 '송'²이라는 나라를 세웠습니다."

"그래? 대륙의 북방 지역도 어떻게 돌아가는지 주의 깊게 살피도록 하라."

이때 중국 대륙의 북쪽에서는 북위³, 서량, 북량, 북연, 서진, 하 등의 나라가 세력을 다투고 있었다. 이 가운데에서도 북위가 가장 강했으며 북연은 고구려와 가까운 사이였다. 그래서 북위와 북연의 다툼은 고구려에도 큰 영향을 끼칠 만했다.

아니나 다를까, 북연의 왕 풍발이 430년에 세상을 떠나자 세력은 급속히 북위 쪽으로 기울어지고 북연은 고구려에 도움을 요청했다.

'폐하, 저희 왕께서 나라가 위태로움을 알고 고구려에 몸을 맡기고자 하니, 위급한 때에 은혜를 베풀어 주시기 바랍니다.'

435년에 북연의 왕 풍홍은 남몰래 사신을 보내 이런 내용의 편지를 전했다. 장수왕은 북연의 사신에게 풍홍을 받아 주겠다고 약속했다.

마침내 436년 4월 북위의 대군이 북연을 쳐들어가 이기자 풍홍은 사신을 보내 도움을 요청했다.

"폐하, 도와주십시오."

그러자 장수왕은 조정 신하들을 모아 놓고 말했다.

"북위가 북연을 차지하면 그 세력이 앞으로 우리를 위협할 것이다. 이에 과인은 군사를 내어 북연의 왕을 구하고 북위를 견제하고자 한다. 장수 갈로와 맹광은 군사를 이끌고 나아가

1. 장수왕 (394~491)
고구려 제20대 왕(재위 기간 413~491)으로 광개토왕의 맏아들이며, 이름은 거련이다. 백제를 정벌하고 남쪽으로 영토를 넓혀 고구려의 전성기를 이루었다.

2. 송
동진의 장군 유유가 동진을 무너뜨리고 420년에 세운 나라다. 양자 강 이남 지역을 다스렸으며 478년에 송의 장군 소도성이 반란을 일으켜 무너졌다.

3. 북위
선비족의 탁발 부족이 386년 중국 북방에 세운 나라다. 고구려와 더불어 강대국으로 있다가 534년에 서위와 동위로 갈라졌다. 서위는 556년에, 동위는 550년에 멸망했다.

북연의 왕을 모셔 오너라. 또한 북연의 궁궐을 불태우고 그곳 백성들을 고구려로 피신시키도록 하라."

장수 갈로와 맹광은 수만 명의 군사를 이끌고 가서 풍홍을 구해 왔다. 고구려가 이렇게 나오자 북위의 왕은 분통을 터뜨렸다.

"고구려가 어찌 자기 나라 일도 아닌데 이렇게 나선단 말인가? 당장 사신을 보내 풍홍을 넘겨 달라고 해라."

하지만 장수왕은 북위의 요청을 거절했다. 그러자 북위에서는 고구려를 공격해야 한다는 주장이 나왔다.

"풍홍이 살아 있으니 반드시 복수하려 할 것입니다. 그를 죽여 뒤탈이 없도록 해야 합니다. 고구려로 쳐들어가서 풍홍을 잡아 옵시다."

"이참에 고구려까지 쳐서 북방을 완전히 손에 넣어야 합니다."

하지만 반대 의견이 더 거셌다.

"그건 안 됩니다. 우리는 이제까지 북연과 다투느라 많은 힘을 썼습니다. 지금 고구려와 싸우는 것은 어리석은 일입니다."

"그렇습니다. 고구려는 지난 광개토왕 이래로 단 한 번도 전쟁에서 진 적이 없습니다. 함부로 싸움을 걸었다가는 오히려 우리가 위험해질 수 있습니다."

결국 북위는 고구려 공격을 포기했고, 북연의 왕 풍홍은 고구려의 품 안에서 안전하게 살 수 있었다.

하지만 풍홍이라는 사람은 매우 오만했다.

"내가 비록 잠시 나라를 잃었으나 곧 다시 일어설 것이다. 고구려의 왕은 나를 도와야 할 것이며, 만약 돕지 않으면 쓴맛을 보여 줄 것이다."

그는 고구려 요동성에 들어앉아 장수왕을 함부로 대하고 거드름을 피웠다.

장수왕은 이런 풍홍을 보면서 눈살을 찌푸렸다.

"풍홍은 은혜도 모르는 건방진 자가 아니냐? 그자를 요동성에서 내쫓고 변방의 작은 성에 살게 해라. 아직도 자신이 왕인 줄 알고 있으니 시종을 빼앗아 평민처럼 살게 하라. 또한 딴마음을 먹지 못하도록 그의 태자를 붙잡아 두도록 해라."

풍홍은 장수왕의 명령에 따라 평곽으로 옮겼다가 다시 북풍이라는 작은 성에 머물게 되었다. 그는 시종과 태자까지 빼앗기자 매우 분노했다.

"고구려 왕이 지금 내가 잠시 어렵다고 이렇게 대할 수가 있느냐? 이제 송나라에 몸을 맡기고 고구려와는 손을 끊어야겠다."

그러고는 몰래 사람을 보내 송나라의 왕, 유유에게 자신을 받아 달라고 부탁했다. 유유는 풍홍의 부탁을 받고 신하 왕백구를 불러 말했다.

"풍홍은 북방의 지리에 대해 잘 알고 있는 자다. 앞으로 우리가 북위와 고구려에 맞서려면 꼭 필요한 인물이니 네가 가서 데려오도록 해라."

하지만 장수왕이 풍홍을 선선히 보내 줄 리가 없었다.

"풍홍이 은혜를 저버리고 건방지게 굴더니 결국 나를 배신하려는 것이 아니냐? 풍홍을 송나라에 보내면 반드시 길잡이가 되어 우리를 치러 올 것이다. 장군 손수, 고구는 군사를 이끌고 가서 풍홍과 그의 가족을 모두 죽이도록 하라."

풍홍은 손수와 고구가 이끄는 군사들에 의해 비참하게 죽음을 당했다. 송나라에서 풍홍을 데리러 온 왕백구는 고구려의 행동을 보자 참을 수가 없었다.

"고구려가 우리를 업신여기는 것이 아닌가? 지금 풍홍이 남겨 둔 군사 7,000명이 있으니, 이들을 이끌고 가서 고구려 군을 없애 버려야겠다."

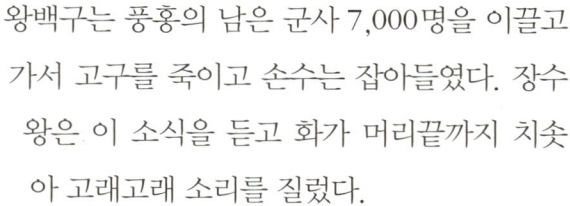

왕백구는 풍홍의 남은 군사 7,000명을 이끌고 가서 고구를 죽이고 손수는 잡아들였다. 장수왕은 이 소식을 듣고 화가 머리끝까지 치솟아 고래고래 소리를 질렀다.

"아니, 감히 내 땅에 들어와서 나의 장수와 군사들을 죽이다니! 당장 군사를 보내 왕백구를 잡아 오너라."

장수왕은 군사를 보내 왕백구를 끌고 오게 한 뒤 말했다.

"네놈이 감히 나에게 도전하는 것이냐? 당장 네놈의 목을 자르고 싶지만 너희 왕의 체면을 보아 참는다. 여봐라! 이자를 꽁꽁 묶어 송나라로 보내고 송나라 왕에게 이놈의 죄를 묻게 해라."

송나라 왕 유유는 고구려 사신의 손에 끌려온 왕백구를 어쩔 수 없이 감옥에 가두었다. 비록 고구려의 눈을 피해 곧 풀어 주었지만, 송나라 왕의 이런 행동은 고구려가 얼마나 강한 나라였는지를 보여 준다.

한편 이 무렵 북위의 왕 탁발도는 439년에 북량을 무너뜨리고 마침내 중국 대륙의 북방 지역을 통일했다. 이로써 중국은 남쪽에는 한족의 송 왕조가, 북쪽에는 선비족의 위 왕조가 세워져서 '남북조시대'를 맞이했다. 이른바 5호16국시대의 혼란이 끝나고 천하는 위(북위), 송, 고구려가 어깨를 겨루는 시대에 접어들었다.

천하가 이렇게 세 강대국으로 정리되자 중국 대륙과 북방 지역의 오랜 전쟁이 멈추고 안정기가 찾아왔다. 그리하여 고구려는 다른 곳으로 눈길을 돌릴 수 있었다.

한반도로 나아가는 고구려와 나제 동맹

북쪽 변방이 안정되자 장수왕은 남쪽으로 눈길을 돌렸다.

"선왕(광개토왕)께서 백제의 왕을 신하로 삼아 나라를 멸하지 않는 은혜를 베풀었는데, 백제는 힘을 키워 우리를 위협했다. 저들은 본래 나의 증조할아버지(고국원왕)를 돌아가시게 한 원수다. 북쪽 변방이 안정되었으니 반드시 저들을 응징하고 말

것이다."

장수왕의 이런 속셈을 눈치 챈 백제는 고구려의 침략을 미리부터 준비했다. 백제가 택한 방법은 신라와 손잡는 것이었다. 당시 신라는 점차 세력을 키워 나가면서 433년에는 고구려에 맞설 생각으로 백제와 동맹을 맺었다. 그리고 440년에는 고구려 남쪽을 쳐들어가 고구려 장수를 죽였다.

"폐하, 남쪽 변경에서 신라가 군사를 보내 우리 장수를 죽이고 돌아갔습니다."

장수왕은 크게 분노했다.

"뭣이? 감히 신라 따위가 우리에게 도전한단 말이냐? 왜군을 몰아내고 나라를 구해 준 지 얼마나 되었다고 배신하는 것이냐? 당장 저들을 응징할 준비를 하라."

사실 신라는 고구려가 북쪽 변방에 신경 쓰느라 남쪽에는 소홀할 것으로 생각하고 고구려를 슬쩍 찔러 본 것이었다.

하지만 장수왕이 길길이 뛰며 응징하려 하자 사신을 보내 용서를 빌었다.

"폐하, 저희 군사가 멋모르고 실수를 했사오니 부디 너그럽게 용서해 주시옵소서. 다시는 이런 일이 없을 것입니다."

장수왕은 분을 삼키며 말했다.

"다시 한 번 나를 화나게 하면 가만히 있지 않을 것이다. 너그러움을 베푸는 것도 이번이 마지막임을 명심해라."

이렇게 해서 전쟁은 일어나지 않았다. 장수왕이 이때 신라를 치지 않은 것은 백제 때문이었다. 자칫하면 백제, 신라와 동시에 싸움을 벌이는 상황에 놓일 수 있었기 때문이다. 장수왕은 백제와 신라가 점점 가까워지며 동맹을 굳건히 하는 것이 걱정스러웠다.

"백제와 신라가 날로 가까워지고 있으니, 이는 우리에게 도전하기 위해서가 아니겠느냐? 저들을 그냥 내버려 두어서는 안 되겠는데, 경들의 생각은 어떠한지 말해 보라."

장수왕의 물음에 신하들이 대답했다.

"백제는 늘 우리의 뒤통수를 치려 하는 나라이고, 신라는 요즘 힘을 키워 북쪽으로 나아가려는 나라입니다. 이 두 나라가 가깝게 지내면 고구려에게 큰 위협이 되니 한시바삐 저들을 쳐서 눌러야 할 것입니다."

"그렇습니다. 북쪽 변방이 안정되어 있는 이때, 남쪽을 정벌하는 것이 좋을 듯합니다."

그러자 장수왕이 명령을 내렸다.

"먼저 신라를 쳐서 저들의 기세를 꺾어 놓아라."

454년 7월 고구려 군은 신라의 북쪽 변방을 공격했다. 또한 이듬해 10월에는 백제를 공격했지만 나제 동맹군의 저항을 이기지 못했다.

"폐하, 백제와 신라의 동맹군을 무찌르기가 쉽지 않습니다."

이 소식을 들은 장수왕이 말했다.

"우리 군사들을 모두 동원해서 저들을 친다면 왜 무찌르지 못하겠느냐? 다만 북쪽 변방에도 신경 써야 하니 이번 전쟁은 이쯤에서 끝내도록 하라. 북쪽이 안정되면 다시 저들을 응징할 것이다."

이때 북위가 힘을 키워 점점 고구려를 압박하고 있었기 때문에 고구려는 남쪽에 모든 힘을 기울일 수 없었다. 하지만 나제 동맹군을 무찌르려는 장수왕의 결심은 잠시 미루어졌을 뿐 변하지 않았다.

백제를 정벌하고 개로왕을 죽이다

468년 2월 장수왕은 드디어 남쪽으로 나아갈 군사를 준비했다. 북위와 대등한 관계를 이루어 북쪽 변방을 충분히 안정시켰다고 생각했기 때문이다.

"드디어 때가 왔다. 먼저 신라를 공격해 저들의 힘을 빼놓아라."

장수왕의 명령을 받은 군사들은 말갈 군사 1만 명까지 동원해 신라의 북쪽 실직주성을 빼앗았다. 바야흐로 나제 동맹과의 한 판 대결이 시작된 것이다.

고구려의 행동에 예민하게 반응한 것은 백제였다.

"고구려가 신라를 쳤으니 곧 우리를 칠 것이다. 그전에 우리가 먼저 고구려를 공격하도록 한다. 또한 위나라에 사신을 보내 지금이 고구려를 칠 기회라고 일러 주어라."

백제는 469년에 고구려의 남쪽 변방을 쳐들어왔고 위나라까지 끌어들이려 했다. 하지만 위나라는 강대국 고구려와 함부로 싸우려 하지 않았다. 장수왕은 이런 백제의 행동에 분노하지 않을 수 없었다.

"위나라까지 끌어들여 우리를 위험에 빠뜨리려 한 백제의 왕을 결코 살려 둘 수 없다. 내가 반드시 백제 왕을 죽이고 우리나라의 오랜 원한을 갚아 주리라."

그러나 장수왕은 침착했고 결코 백제를 얕보지 않았다. 게다가 신라와 동맹까지 이루었으니 무작정 공격하면 피해가 클 것이라고 생각했다. 그래서 장수왕은 승려 도림을 조용히 불러들여 말했다.

"내가 듣기에 백제 왕은 바둑을 아주 좋아한다고 한다. 그대는 바둑 실력이 좋으니 백제 왕의 마음을 얻을 수 있을 것이다. 백제 왕에게 접근해 그의 눈을 흐리게 만들고 큰 공사를 일으켜 백성들의 원망을 사게 하라."

장수왕은 백제 내부를 흔든 다음 총공격할 계획을 세운 것이다.

장수왕의 명령을 받은 승려 도림은 거짓으로 죄를 짓고 쫓기는 척하며 백제로 넘어갔다. 백제에 다다른 도림은 곧 백제 왕궁으로 찾아가 개로왕에게 글을 올렸다.

'제가 어려서부터 바둑을 배워 고수가 되었으니, 이를 대왕께 보이고자 합니다. 미천한 재주이나마 대왕께 바쳐 기쁨을 드리고 싶습니다.'

이 편지를 읽은 개로왕은 서둘러 도림을 궁궐 안으로 데려오게 했다. 그리고 당장 바둑판을 가져오게 해서 도림의 실력을 알아보았다.

4. 개로왕 (?~475)

백제 제21대 왕(재위 기간 455~475)이다. 비유왕의 맏아들로 '근개루왕'이라고도 불렸다. 고구려 장수왕의 공격에 무너져서 죽음을 당했다.

"오호, 참으로 놀라운 실력이로다. 과인도 바둑이라 하면 누구에게도 뒤지지 않는다고 생각했거늘, 그대의 실력이 과연 천하제일이라 할 만하구나."

개로왕은 도림을 최고 손님으로 대우해 주며 심심하면 불러서 바둑을 두었다. 그리고 도림에게 지면 곧잘 이렇게 말했다.

"과인은 대사를 늦게 만난 것이 너무나 안타깝다. 진작 만났더라면 즐거움이 몇 배로 더했을 것이 아닌가?"

이렇게 개로왕이 도림에게 빠져 들자 어느 날 도림이 넌지시 말했다.

"저는 고구려 사람인데 대왕께서 이렇듯 정성껏 대접해 주시니 몸 둘 바를 모르겠습니다. 저는 단지 바둑 몇 수 가르칠 수 있는 재주밖에 없어 아직 대왕께 털끝만큼의 이익도 드린 적이 없지 않습니까?"

그러자 개로왕이 손사래를 치며 말했다.

"어허, 그게 무슨 말인가? 그대 같은 바둑 친구를 얻는 것이 내 평생의 소원이었다. 그러니 그대는 내 곁에 머무르는 것만으로도 내 소원을 이뤄 준 것이다. 소원을 이뤄 준 사람은 생명의 은인과 같은 법인데, 어찌 그대가 내게 준 이익이 없다 말하는가? 혹시라도 내 곁을 떠날 생각은 하지 마라. 불편하거나 섭섭한 것이 있으면 내가 모두 해결해 주겠다. 그리고 내게 해 주고 싶은 말이 있으면 언제라도 마음 편히 말해라."

"그렇다면 제가 대왕께 큰 이익이 될 일에 대한 말씀을 올려도 되겠습니까?"

"물론이다. 꺼리지 말고 말해 보라."

"대왕의 나라는 사방이 모두 산과 언덕, 강과 바다이니 이는 하늘이 내린 요새입니다. 이 때문에 사방의 이웃 나라들이 감히 대왕의 땅을 넘볼 생각을 못하지요. 그런데 만약 대왕께서 국가의 위엄을 지금보다 더 높이 세운다면 이웃 나라들은 스스로 엎드려 대왕을 섬길 것입니다."

"국가의 위엄을 높인다? 그래, 어떻게 하면 되겠는가?"

"지금 대왕께서 머무는 궁궐은 낡았으며, 백성을 감싸고 있는 성곽은 허물어져 있습니다. 게다가 선왕의 유골은 들판에 초라하게 모셔져 있으니 이래서야 대왕과 나라의 위엄이 서겠습니까? 제가 이를 늘 안타깝게 여기다가 오늘에야 말씀드린 것입니다."

그러자 개로왕이 큰 소리로 웃으면서 대답했다.

"허허, 듣고 보니 그대의 말이 옳다. 그동안 과인은 백성과 왕실에 너무 소홀했다. 내 당장 그대의 말대로 궁궐과 성곽을 다시 짓고 나라의 위엄을 세우리라."

개로왕은 나라 곳곳에서 백성을 강제로 동원해 성곽을 쌓고 궁궐을 고쳐 짓게 했다. 또한 선왕인 비유왕의 능을 크게 만들고 강변에 둑을 쌓기도 했다.

중원고구려비

장수왕의 남한강 유역 점령을 기념하여 세운 것으로 여겨진다. 우리나라에 유일하게 남아 있는 고구려 비석이다.

충청북도 충주시

개로왕이 큰 공사를 벌이자 백성들은 왕을 원망했다.

"농사를 지어 먹고 살기도 바쁜데, 왕은 갑자기 무슨 공사를 이리 크게 벌이는 것인가?"

"나라의 위엄을 세우려다 우리들 뼈가 다 무너지겠구나."

이뿐만이 아니었다. 무리하게 큰 공사를 벌이자 나라의 재산도 바닥났다. 이때 도림은 백제를 빠져나가 고구려 장수왕 앞에 나아가 말했다.

"폐하, 백제의 왕이 어리석게도 큰 공사를 벌여 백성의 원망을 사고 나라의 재산을 다 써 버렸으니, 지금이 백제를 칠 기회입니다."

장수왕은 기다렸다는 듯이 말했다.

"수고했다. 오늘이 오기까지 얼마나 기다렸던가? 그대의 큰 공으로 드디어 백제를 응징하고 나라의 오랜 원한을 갚을 수 있게 되었다. 여봐라, 지금 당장 백제 공격을 준비하라."

475년 2월 장수왕은 직접 군사 3만 명을 이끌고 백제로 쳐들어갔다. 이때 장수왕은 82세로 흰 수염이 휘날릴 만큼 늙었지만 의욕적으로 말을 타고 달렸다.

뒤늦게나마 개로왕은 자신의 어리석음을 깨닫고 고구려의

침략에 맞서려 했지만, 이미 백성들의 마음은 떠났고 전쟁을 치를 능력도 없었다. 결국 쏜살같이 달려온 고구려의 3만 군사는 백제 왕궁을 7일 만에 무너뜨렸다. 개로왕은 몇몇 병사를 이끌고 가까스로 도성을 빠져나와 남쪽으로 도망갔지만, 고구려 장수 재증걸루에게 붙잡히고 말았다.

재증걸루는 본래 백제 장수였다. 하지만 고구려로 넘어가 장수왕에게 충성을 맹세한 뒤 군사를 이끌고 왔던 것이다. 재증걸루는 붙잡혀 온 개로왕 앞에 큰절을 올렸다.

"비록 지금 고구려의 장수로 있으나, 한때 왕으로 섬겼으니 예의를 다한 것이오."

그러더니 이번에는 개로왕에게 다가가 얼굴에 침을 세 번 뱉고 말했다.

"너는 왕으로서 할 일을 하지 못하고 나라를 어지럽혔으며 백성들을 괴롭혔다. 내가 우리 임금의 명을 받고 너를 처형하려 하니 하늘의 뜻으로 알고 받아들여라."

그러고는 개로왕을 아차성 밑으로 끌고 가서 처형했다.

이때 개로왕의 아우 문주는 신라로 가서 도와 달라고 부탁했다. 그리고 신라의 1만 군사를 얻어 한성을 되찾는 데 성공했다. 장수왕은 한성을 고구려 영토로 삼고 싶었지만, 나제 연합군의 끈질긴 공격을 견디지 못하고 그해 9월 남녀 포로 8,000명만 데리고 돌아갔다.

비록 백제의 도읍인 한성을 포기했지만 이 전쟁에서 얻은 것이 무척 많았다. 무엇보다도 백제가 신라의 도움을 청할 틈도

고구려사 이야기

제20대 장수왕 가계도

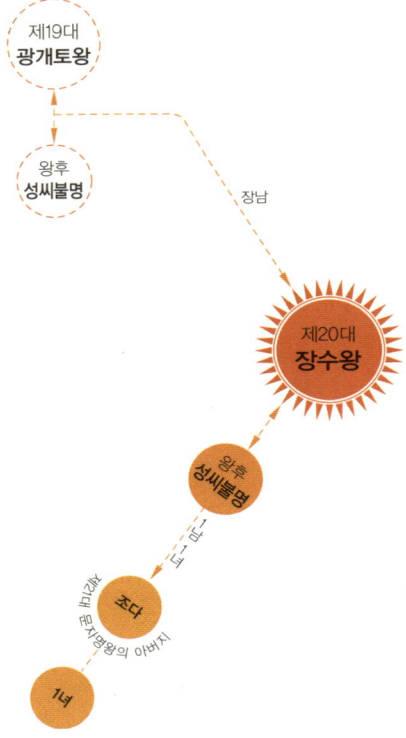

장군총

고구려의 대표적인 돌무지 무덤으로 화강암을 이용해 정교하게 쌓았다. 장수왕의 능으로 추정하고 있다.

중국 길림성 집안시

없이 순식간에 들이닥쳐 단숨에 무찔렀다. 이로써 백제의 힘을 크게 눌렀으며, 백제 군에게 죽은 고국원왕의 복수를 확실하게 했다.

장수왕은 이후에도 486년에 신라의 호산성을 점령해 고구려가 세워진 이래 한반도 땅을 가장 많이 차지했다.

그는 이렇게 강대국 고구려의 전성기를 열면서 무려 78년 동안 왕위에 머물렀다. 그리고 491년 12월 98세 나이로 세상을 떠났다. 장수왕이 죽었다는 소식을 듣고 북위의 왕 탁발원굉은 흰색 모자를 쓰고 베로 만든 옷을 입은 채 궁궐 동쪽에서 애도식을 올렸다 하니, 당시 고구려의 위상이 어떠했는가를 알 수 있다.

제21대 문자명왕실록

시련을 딛고 태평성대를 이룩한 문자명왕

문자명왕시대의 세계 약사

중국은 남북조 중기에 해당한다. 이때 북쪽의 북위에서는 효문왕, 선무왕, 효명왕 등이 차례로 즉위했지만 강력한 통치력을 발휘하지 못했다. 남쪽에서는 제 왕조가 502년에 무너지고 정권을 잡은 소연은 국호를 양으로 고쳤다.

서양에서는 로마가 무너진 이래 서유럽에서 큰 변화가 일어났다. 493년에 테오도리쿠스가 이탈리아 지역에 동고트 왕국을 세우고, 북아프리카 지역에는 반달 왕국이 세워졌다. 동유럽에서는 동로마가 페르시아와 전쟁을 벌이며 세력을 다투었다.

나제 연합군과의 힘겨운 싸움

문자명왕¹은 장수왕의 손자이며 이름은 나운이다. 아버지는 장수왕의 맏아들 고추가(고구려 왕족 또는 귀족에 대한 칭호) 조다인데, 그가 일찍 세상을 떠나는 바람에 장수왕은 나운을 태자로 삼았다. 그리고 491년 12월에 장수왕이 세상을 떠나자 나운은 고구려 제21대 왕에 올랐다.

이 무렵 고구려 남쪽에서는 신라 군이 계속 쳐들어왔다.

"폐하, 신라 군이 동해안을 거슬러 올라와 함흥을 쳤습니다."

"폐하, 신라 군이 대동강을 넘어 쳐들어왔습니다."

그러자 문자명왕은 청천강 가까이에 군사를 머무르게 해 신라 군이 더 이상 올라올 수 없게 한 다음 대대적으로 반격했다. 이에 신라 군은 물러날 수밖에 없었다.

"신라 군을 포위하고 완전히 무찔러라. 다시는 이 땅을 넘볼 수 없도록 혼쭐을 내 주어라."

문자명왕의 명령대로 고구려 군은 신라 군을 견아성으로 몰아넣고 에워쌌다. 괜스레 강대국 고구려의 영토를 넘보다가 신라 군이 전멸할 수도 있는 상황이었다. 하지만 신라 군에게는 믿는 구석이 있었다.

"백제 군이 몰려온다!"

"백제 군 때문에 우리가 오히려 양쪽에서 둘러싸이게 생겼다."

백제 군이 지원군 3,000명을 이끌고 와서 견아성을 에워싸고 있는 고구려 군을 쳤던 것이다.

이 소식을 들은 문자명왕은 매우 분노했다.

"백제가 신라를 돕는다고? 또다시 백제에게 발목을 잡히는 것인가? 선왕께서 저들을 응징한 지 얼마 지나지도 않았는데, 참으로 질긴 놈들이로다. 다시 한 번 저들을 응징해야겠다."

그리고 494년 8월에 군사를 동원해 백제의 치양성을 공격했다. 고구려 군은 치양성을 완전히 에워싸고 백제 군을 전멸시킬 수 있는 기회를 맞았다.

하지만 이번에는 신라가 백제를 돕기 위해 나섰다.

"신라 군이 백제를 도우러 왔다."

"양쪽에서 공격당할 위험이 있으니 일단 후퇴하라."

고구려 군은 또다시 물러나야 했다.

당시 신라와 백제는 왕실 사이에 혼인 관계를 맺고 강력한

1. 문자명왕 (?~519)

고구려 제21대 왕(재위 기간 491~519)으로 장수왕의 손자이며 이름은 나운이다. 광개토왕과 장수왕이 넓혀 놓은 영토를 지키려 노력했으나 백제와 신라의 연합군에 져서 일부 영토를 잃었다.

동맹을 맺은 상태였다. 이들은 강대국 고구려에 맞서 연합군을 이루었다. 이 때문에 고구려는 백제와 신라를 쉽게 공격할 수 없었다.

하지만 문자명왕은 물러서지 않았다.

"신라의 우산성을 공격해 빼앗아라. 저들의 북쪽을 무너뜨려야겠다."

495년 7월 고구려 군은 신라의 우산성을 공격했다. 이때 신라의 강력한 저항에 밀려 뒤로 물러났지만 이듬해 8월에 다시 신라를 공격해 우산성을 무너뜨리는 데 성공했다.

신라는 우산성이 무너지자 두려움에 빠졌다.

"이러다가 고구려 군이 더 남쪽으로 내려오면 어쩌지?"

"괜히 고구려에 맞섰다가 나라를 잃는 것은 아닌가?"

신라 왕실은 이런 걱정 때문에 고구려에 휴전하자고 했다.

"폐하, 신라가 전쟁을 멈추기를 바란다고 합니다. 앞으로는 우리나라를 넘보지 않겠다고 약속했습니다."

문자명왕은 신라의 제안을 기꺼이 받아들였다.

"잘된 일이다. 어렵게나마 우산성을 무너뜨리니까 저들이 무릎을 꿇는 것이 아니냐? 신라의 소망을 받아들이도록 해라. 그러면 앞으로 백제만 상대하면 되니 우리로서도 좋은 일이다."

495년에 이루어진 고구려와 신라의 휴전은 문자명왕과 고구려를 힘겹게 한 나제 동맹이 사실상 끝났음을 뜻했다.

백제를 누르고 태평성대를 이루다

신라와 고구려가 휴전할 무렵 백제에는 오랫동안 가뭄이 계속되어 나라 살림이 어렵고 민심이 흉흉해졌다. 급기야 499년 8월에는 굶주림에 시달린 백제 백성 2,000명이 고구려에 투항했다.

"폐하, 백제에 가뭄과 흉년이 들어 백제 백성들이 폐하의 신하가 되기 위해 찾아왔습니다."

문자명왕은 이 소식을 듣고 크게 기뻐했다.

"이는 백제의 운이 기울고 있다는 것이 아니냐? 저들을 응징할 기회가 다가오고 있다."

게다가 백제는 고구려와 휴전한 신라를 매우 원망해 20년 넘게 이어져 온 두 나라의 동맹 관계도 끝났다. 바야흐로 문자명왕은 백제를 또 한 번 무찌를 기회를 맞이하고 있었다.

하지만 502년 8월, 생각지도 못한 시련이 고구려에 닥쳤다.

"메뚜기 떼가 들판을 휩쓸어 농사를 완전히 망쳤습니다."

이 소식을 들은 문자명왕은 깊은 한숨을 쉬었다.

"백제를 치고 나라의 근심을 없애야 하는 이때에 이 무슨 일이란 말인가?"

당시에는 아주 가끔 메뚜기 떼가 번성해 곡식을 다 갉아 먹어서 큰 흉년이 생기곤 했다. 이런 일은 나라의 살림살이를 뒤흔드는 중대한 사태였다. 그런데 고구려의 시련은 이것으로 그치지 않았다.

"폐하, 큰 지진이 일어나 수많은 백성이 죽고 집이 다 부서졌다 하옵니다."

 메뚜기 떼가 휩쓸고 간 지 두 달 만에 이번에는 지진이 닥쳤다. 그야말로 고구려는 국가적 위기에 빠진 것이었다.

 백제는 이 기회를 놓치지 않았다.

 "고구려가 어지러운 이때를 놓치지 말고 공격의 기회로 삼자."

 백제 왕실은 군사들에게 명령을 내려 502년 11월 고구려의 남쪽 변방을 공격했다. 그리고 이듬해 11월에도 군사 5,000명으로 수곡성을 공격했다.

 하지만 고구려는 메뚜기 떼로 인한 흉년과 갑자기 닥친 지진의 피해 때문에 제대로 힘을 쓸 수 없었다. 겨우 백제의 공격을 막는 데만 급급했다.

 또한 경제가 어려워지다 보니 위나라와 해 오던 무역도 힘들어졌다. 당시에는 외교 관계를 맺은 나라끼리 물품을 주고받으며 무역을 했는데, 이는 두 나라 사이가 가깝다는 상징이었다. 그런데 경제가 어려워져 위나라에 보내는 물품이 적어지자 위나라에서는 불만을 터뜨렸다.

 "우리는 고구려를 둘도 없는 이웃으로 여기며 성실히 대했는데, 이렇게 무역을 줄이는 것은 우리를 업신여기는 게 아닌가?"

 고구려는 백제로부터 공격을 받고 위나라로부터 불신을 받는 어려움에 빠졌다. 문자명왕은 이 모든 어려움이 백제 때문이라고 생각했다.

"원수 같은 나라, 백제를 응징하지 못해 나라에 어려움이 겹치는 것이다. 지금 비록 우리가 어려운 때이나 군사를 동원해 백제를 기필코 응징하리라."

그리하여 506년 11월에 고구려 군은 백제를 공격했다. 하지만 눈이 많이 내려 병사들이 얼어 죽는 바람에 고구려 군은 제대로 싸워 보지도 못하고 물러났다. 그리고 이듬해인 507년에는 말갈 부족까지 동원해 백제의 한성을 치려 했으나 오히려 백제 군에게 지고 말았다. 문자명왕은 잇달아 백제 공격에 실패하고서야 자신을 나무랐다.

"내가 분을 못 이겨 신중함을 잃었다. 원수 같은 백제에게 번번이 지기만 했으니 선조들을 무슨 낯으로 뵐 수 있겠는가? 먼저 나라를 안정시키고 백성을 평안케 해 힘을 기르리라."

그 뒤 문자명왕은 나라의 경제를 살리기 위해 노력했다. 또한 외교 안정을 위해 위나라와 다시 돈독한 관계를 다지고, 중국 남부에서 새로 일어난 양나라와도 외교를 맺었다. 그러자 고구려 경제는 다시 살아났고 백성들의 생활 형편도 좋아졌다.

나라가 다시 안정되자 문자명왕은 백제를 응징하는 칼을 빼 들었다.

"이번에야말로 지난날의 수치를 갚고 백제를 치고 말리라."

512년 9월 문자명왕은 백제를 공격해 크게 이겼다. 고구려는 백제의 가불성과 원산성을 무너뜨리고 남녀 1,000명을 포로로 잡는 큰 성과를 올렸다. 이는 문자명왕이 백제와 싸워 이긴 최초의 전쟁이었다. 시련을 딛고 백제를 누르는 데 성공한 것이다.

고구려사 이야기

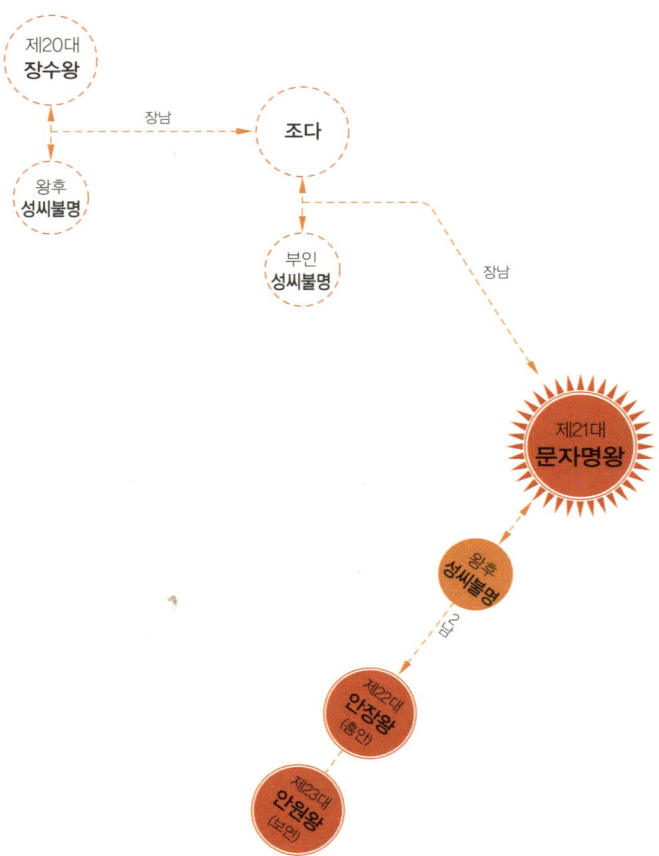

이 전쟁에서 큰 피해를 입은 백제는 당분간 고구려를 넘볼 엄두를 내지 못했다. 문자명왕은 단 한 번 큰 승리를 거두어 왕위에 있는 동안에는 더 이상 백제의 침입을 받지 않게 되었다.

이에 따라 문자명왕은 그 뒤 7년 동안 나랏일에 몰두하면서 백성을 보살피는 데 힘쓸 수 있었다. 그리하여 전쟁도 없고, 백성들의 생활도 안정된 태평성대를 누릴 수 있었다.

이렇게 시련을 딛고 7년의 태평성대를 만들어 낸 문자명왕은 519년에 삶을 마감하고 왕위를 맏아들 흥안에게 물려주었다. 이때 위나라 왕실에서는 문자명왕의 죽음을 슬퍼하는 의식을 치렀으며, 사신을 보내 장례에 참석했다.

제22대 안장왕실록

중립 외교를 펼친 안장왕

안장왕시대의 세계 약사

중국은 남북조 말기에 들어섰다. 북조의 북위는 군사 봉기에 맞닥뜨려 몰락의 위기에 몰렸다. 이 과정에서 탁발후, 탁발자유, 탁발공 등이 차례로 왕위에 올랐다 물러났다. 하지만 남조의 양나라는 지속되는 농민 봉기 속에서도 안정을 누렸다.
서양에서는 서로마가 멸망한 뒤 프랑크, 서고트, 동고트, 부르군트, 앵글로색슨 등의 국가들이 자리 잡았다. 동부에서는 동로마의 유스티니아누스 1세가 황제가 되어 페르시아 군을 무찌르고, 〈유스티니아누스 법전〉을 완성했다.

중국 대륙의 변화와 고구려의 중립 외교

안장왕[1]은 문자명왕의 맏아들로 이름은 흥안이다. 그는 519년에 문자명왕이 세상을 떠나자 고구려 제22대 왕에 올랐다.

안장왕이 왕위에 오를 무렵 중국은 남쪽에는 양 왕조, 북쪽에는 위 왕조가 서로 세력을 다투며 으르렁거리고 있었다. 이 두 나라를 어떻게 대할 것인지는 고구려에게 매우 중요한 일이었다. 안장왕은 신하들과 이 일에 대해 의논했다.

"지금 대륙 북방에는 위가 있고, 남방에는 양이 있다. 과인은 선왕(문자명왕)의 뜻을 이어 두 나라 모두와 외교 관계를 맺고 지낼 것이다. 경들의 생각은 어떠한가?"

그러자 신하들이 대답했다.

"두 나라와 똑같은 거리를 두고 외교를 하는 것이야말로 고구려에 이득이 될 것입니다. 선왕의 뜻을 계속 이어 가시는 것이 옳습니다."

하지만 쉬운 문제만은 아니었다.

"폐하, 그렇지만 위나라에서 자꾸 불만을 말하니 걱정이기는 합니다."

"그들이 뭐라고 하면서 불만을 터뜨리는가?"

"위가 먼저 생긴 나라이고 고구려와 가깝기 때문에 양나라와는 외교를 끊어야 한다고 주장하고 있습니다."

안장왕은 이 말에 고개를 저었다.

"그것은 부당한 일이다. 우리가 어느 나라와 외교를 맺든지 간에 위에서 간섭할 수 있는 일이 아니다."

"하지만 위에서 가만히 있겠습니까?"

"걱정할 것 없다. 양나라와 다투는 위나라가 우리를 적으로 돌릴 수는 없을 것이다. 이는 양나라도 마찬가지다. 우리는 두 나라를 똑같이 대해 주며 우리나라를 이롭게 하면 된다."

이렇게 고구려가 택한 외교 노선은 '중립 외교'였다. 서로 다투고 있는 두 나라와 똑같이 친하게 지내면서 다툼에 휘말리지 않고, 오히려 다른 나라들이 서로 경쟁하며 고구려에 잘 보이려고 했다.

안장왕은 이런 생각으로 왕위에 오른 직후인 520년 1월 양나라에 사신을 보냈다. 그러자 양나라도 2월에 사신 강주성을 고구려에 보내 옷, 칼, 패물 등을 선물로 바쳤다. 그런데 이를 위

1. 안장왕 (?~531)

고구려 제22대 왕(재위 기간 519~531)으로 문자명왕의 맏아들이며 이름은 흥안이다. 중국의 위 왕조와 양 왕조 사이에서 중립 외교를 펼쳤으며 대륙 백제를 공격해 크게 이겼다.

나라가 그냥 보고 있지 않았다.

"폐하, 뱃길로 돌아가던 양나라 사신 강주성을 위나라 군사들이 잡아갔다고 합니다. 불똥이 우리나라에 튀지 않겠는지요?"

이 말을 듣고 안장왕이 말했다.

"걱정하지 마라. 지금 위나라와 양나라는 모두 나라 안이 어지럽다. 그래서 감히 우리와 다툴 생각은 하지 못한다. 오히려 서로 우리와 가까워져 득을 보려고 할 것이니 우리는 어느 편도 들지 않고 지켜보기만 하면 된다. 이때야말로 변방의 걱정을 덜고 백성을 보살피며 남쪽의 백제를 더 눌러 줄 수 있다."

그랬다. 고구려는 위와 양, 두 나라 사이에서 중립 외교를 하며 백제를 제압하는 데만 집중할 수 있었다. 안장왕은 위와 양의 다툼을 멀리서 구경하면서 백제가 어떻게 돌아가는지에 관심을 기울였다.

"백제가 지금 사정이 어렵다고 하는데, 이에 대해 자세히 말해 보라."

안장왕의 물음에 신하들이 대답했다.

"선왕(문자명왕)께서 말갈을 시켜 백제를 공격하게 했는데, 백제는 말갈과의 전쟁으로 지쳐 있습니다. 또한 홍수가 나고 메뚜기 떼가 들끓어 큰 흉년이 들었습니다. 이 때문에 굶주린 백제 백성들이 신라로 가 버렸습니다. 그러더니 얼마 전에는 지진이 일어나 집이 부서지고 백성들이 죽었다고 합니다."

안장왕은 521년부터 시작된 백제의 어려움을 전해 듣고 쓴

웃음을 지으며 말했다.

"저들이 지난날 우리나라에 흉년이 들고 지진이 났을 때 우리 땅에 쳐들어왔었다. 이제는 거꾸로 저들이 어려움에 빠졌으니 참으로 세상 일은 알 수 없도다."

이런 가운데 백제의 무령왕[2]은 523년 2월부터 15세 이상의 남자들을 뽑아서 쌍현성을 고치게 했다. 백제가 어려워진 틈을 타서 고구려와 말갈이 쳐들어올 것을 걱정해서였다.

하지만 굶주림에 지쳐 있던 백성들은 무령왕의 결정을 원망하기만 할 뿐이었다. 엎친 데 덮친 격으로 무령왕은 나라의 어려움 앞에 시름하다가 523년 5월 갑자기 세상을 뜨고 말았다.

"이제 우리가 저들의 어려움을 이용할 때다. 대륙의 백제 세력을 공격해 잃었던 땅을 되찾아 오라."

안장왕은 기회를 놓치지 않고 523년 8월에 군사를 동원해 백제의 대륙 기지를 쳤다. 문자명왕 때 고구려는 황하 북쪽 땅을 백제에게 빼앗겼는데, 이를 다시 찾으려 한 것이다. 하지만 백제 장군 지충이 이끄는 1만 군대에 막혀 고구려 군은 성과를 올리지 못했다.

하지만 위나라와 양나라 사이에서 중립 외교를 펼쳐 외교적 안정을 갖게 된 고구려가 이때부터 백제 공격에 온 힘을 기울이기 시작했다는 것이 중요하다. 비록 첫 번째 공격에 실패했지만 고구려는 이후 더 거세게 백제를 공격했다.

2. 무령왕 (462~523)

백제 제25대 왕(재위 기간 501~523)으로 개로왕의 아들이며 이름은 융이다. 고구려를 공격해 이겼으며 백제의 위상을 크게 높였다.

고구려와 백제의 2년 전쟁

나라가 어려운 가운데에서도 고구려의 공격을 막아 낸 백제의 성왕은 다시 닥쳐올 고구려의 침입에 대비해야 했다. 그래서 525년 신라에 사신을 보내 다시 손잡을 것을 요청했다. 신라 법흥왕도 백제의 의견을 받아들였다. 신라가 고구려와 싸우는 것을 포기하면서 멀어졌던 두 나라 관계가 다시 가까워진 것이다.

백제 성왕은 신라와 손잡는 데 성공하자 나라의 세력을 넓히는 데 더욱 적극적으로 나섰다. 그가 특히 관심을 기울인 것은 위나라였다.

"지금 위나라에 큰 혼란이 생겼다고 하는데, 어찌 된 일인지 말해 보라."

성왕의 물음에 백제 신하들이 대답했다.

"위나라는 본래 선비족의 나라인데, 위 왕 탁발원굉 이후 위 조정은 한족과 가까워지려고 선비족의 성씨를 버렸다고 합니다. 이를 참지 못한 선비의 귀족과 군인들이 반란을 일으켜 나라가 큰 혼란에 빠졌고, 지금은 나라가 두 개로 쪼개지고 있습니다."

534년 위나라는 서위와 동위로 갈라졌는데, 성왕은 여기에 관심을 가졌다.

"위가 힘이 약해졌으니 대륙에서 우리의 세력을 넓혀야 할 때다. 대륙에서 세력을 넓혀 옛 힘을 되찾고 고구려를 제압하며 천하를 호령하리라."

고구려는 이러한 백제의 속셈을 이미 눈치 채고 있었다.

"대륙에서 백제가 날뛰게 할 수는 없다. 이참에 저들을 먼저 공격해 아예 대륙에 발을 붙이지 못하게 하겠다. 이번에는 내가 직접 나서서 반드시 이기리라."

안장왕은 이렇게 말하면서 529년 10월 직접 수만 명의 군사를 이끌고 대륙의 백제 요새인 혈성을 공격해 무너뜨렸다. 백제는 대륙의 군사 3만 명을 모두 동원해 고구려 군에 맞서 싸웠다. 두 나라 군사들은 대륙의 오곡 벌판에서 정면으로 대결했다. 두 나라의 운명을 건, 양보할 수 없는 한 판 싸움이었다. 결과는 고구려의 승리였다.

"폐하, 백제 군 2,000명을 죽였으며 수천 명에게 부상을 입혔습니다. 우리가 큰 승리를 거두었습니다."

안장왕은 크게 웃으며 말했다.

"이제야 승리의 때가 왔도다. 도망가는 백제 군을 계속 뒤쫓아 다시는 일어서지 못하게 해라. 또한 아리수를 넘어 백제의 왕성이 있는 곳으로도 계속 나아가라."

고구려는 오곡 벌판에서의 큰 승리를 발판으로 대륙의 백제 군을 계속 공격했고 한반도에도 군사를 보내 공격했다. 큰 싸움에서 진 백제 군은 겨우 막으면서 버텼다.

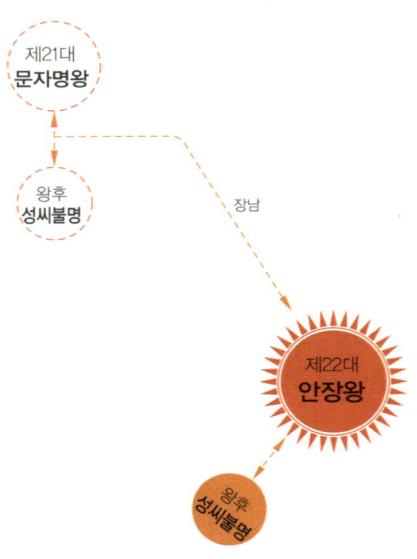

고구려 군은 단숨에 백제의 한성으로 달려갈 기세로 덤벼들었지만 백제의 저항도 만만치 않았다. 고구려 군이 공격하고 백제가 겨우 막는 이 전쟁은 무려 2년 동안이나 계속되었다.

두 나라의 전쟁이 격렬하게 펼쳐진 지 2년이 될 무렵, 백제군의 피해는 날로 커지고 고구려 군의 공격은 더 날카로워졌다. 대륙에서는 황하 북쪽 땅이 고구려에게 넘어갔으며 한반도에서는 차령산맥 북쪽 지역이 고구려 땅이 되었다. 얼마 안 있어 백제 영토를 고구려가 모조리 차지할 기세였다.

"이제 백제 군이 거의 다 무너졌다."

"조금만 더 밀고 가면 백제 땅을 모조리 차지하게 된다."

전쟁터의 고구려 장수들은 이런 말로 병사들을 격려하며 사기를 드높였다. 하지만 이때 고구려 조정에서 군사를 되돌리라는 명령이 떨어졌다.

"폐하께서 승하하셨다. 모든 장수와 군사들은 도성으로 돌아오라."

안장왕은 백제와 2년 동안 전쟁을 벌여 영토를 크게 넓힐 기회를 눈앞에 두고, 531년 5월 갑자기 숨을 거두었다. 고구려 장수와 군사들은 아쉬움을 뒤로한 채 돌아가야 했다.

하지만 이때 백제가 입은 피해는 이루 다 말할 수 없었다. 안장왕이 갑자기 세상을 떠났는데도 백제는 고구려에 반격할 힘조차 남아 있지 않았다. 나라가 완전히 무너지지 않은 것에 안도의 숨을 내쉴 뿐이었다.

2년 동안 이어진 전쟁에서 지자 백제는 대륙에서 세력을 거의 다 잃었다. 또한 한반도에서도 세력을 잃어 538년에 성왕은 웅진성을 버리고 남쪽에 있는 사비성으로 도읍을 옮겼다. 고구려에 의해 웅진에서 사비로 밀려난 것이다. 이때부터 백제는 '백제'라는 나라 이름을 쓰지 않고 '남부여'라고 했는데, 이는 대륙의 땅을 모두 잃고 한반도 남쪽의 작은 나라가 되었다는 뜻이다.

제23대 안원왕실록

자연재해에 시달린 안원왕

안원왕시대의 세계 약사

중국은 여전히 남북조시대를 유지했다. 남쪽의 양은 소연이 다스리고 있었고, 북쪽의 북위는 내란이 일어나 동위와 서위로 갈라졌다.
서양에서는 프랑크가 부르군트를 병합해 세력을 넓혔다. 동로마는 페르시아와 화친을 맺은 뒤 반달 왕국을 정복하고 다시 동고트를 멸망시켜 이탈리아 반도를 손에 쥐었다. 그 뒤 동로마는 페르시아와 전쟁을 치러 시리아, 메소포타미아, 아르메니아 등을 정복했지만 이탈리아 대부분 지역을 동고트에게 빼앗겼다. 이 때 성소피아 성당, 이레네 성당 등이 세워졌다.

사라지는 대륙백제

안원왕'은 문자명왕의 둘째 아들이며, 안장왕의 동생으로 이름은 보연이다. 안장왕이 아들을 낳지 못해 동생 보연에게 왕위를 물려주었으니, 그가 531년 5월에 왕이 된 안원왕이다.

이 무렵 중국 대륙 북방의 강대국 북위는 동위와 서위로 갈라졌다. 안원왕은 위나라의 혼란에 큰 관심을 가졌다.

"위나라 사정이 우리에게 큰 영향을 준다는 것을 경들도 잘 알 것이다. 위나라가 요즘 어떻게 돌아가고 있는지 말해 보라."

안원왕의 물음에 신하들이 대답했다.

"위나라에서 반란이 거듭되다가 화북성에서 일어난 고환이 권력을 잡아 원수를 왕으로 세웠는데, 원수는 서쪽의 우문태에

게로 도망가 버렸습니다. 그러자 고환이 도읍을 옮기고 원선견을 왕으로 세웠습니다. 우문태는 자신을 찾아온 원수를 죽여 버리고 원보거를 새 왕으로 세웠으니, 위나라는 지금 두 개로 갈라졌습니다."

이 말을 듣고 안원왕이 말했다.

"위나라가 동위와 서위로 갈라졌으니 분명히 우리에게 서로 잘 보여 힘을 얻으려 할 것이다. 특히 동위는 우리와 가까운 곳에 있으니 아마 먼저 손을 뻗어 올 것이다."

안원왕의 생각대로 동위는 고구려의 힘을 얻어 서위를 누르기 위해 534년 고구려에 사신을 보내 화친하자고 했다. 그러자 안원왕이 신하들과 의논하면서 이렇게 말했다.

"서위는 어차피 우리와 멀리 떨어져 있어 동위와 손을 잡아도 우리를 해치지 못할 것이다. 내가 동위와 손을 잡으려 하는 것은 백제 때문이다. 백제는 아직도 산동 지역에 세력을 남겨 놓고 있는데, 동위로 하여금 백제를 치게 할 것이다."

고구려는 동위와 외교를 맺고 백제를 압박해 달라고 부탁했다. 고구려의 부탁을 받은 동위의 권력자 고환은 이렇게 말했다.

"고구려가 부탁하는 것과 상관없이 백제는 가만둘 수 없다. 저들이 우리가 혼란스러운 틈을 타 대륙에서 세력을 키우려 했으니, 산동의 백제 군을 몰아내고 우리가 차지해야 할 것이다."

동위는 고구려의 부탁을 받지 않았더라도 백제를 공격할 만큼 적극적이었다. 이로써 고구려는 물론 동위의 공격까지 받게 된 백제는 보통 어려운 처지가 아니었다. 더구나 529년 이후

1. 안원왕 (?~545)

고구려 제23대 왕(재위 기간 531~545)으로 문자명왕의 둘째 아들이며, 안장왕의 아우로 이름은 보연이다. 계속되는 자연재해 속에서 시련을 겪으며 백제의 공격에 시달리기도 했다.

고구려의 공격으로 백제의 힘은 매우 약해져 있었기 때문에 동위의 공격을 막아 낼 수 없었다.

"남방의 양나라에 도움을 청해라."

어려운 처지에서 백제 성왕이 지푸라기라도 잡는 심정으로 떠올린 것은 양나라였다. 하지만 고구려와 동위를 적으로 만들면서 양나라가 백제를 도울 리 없었다.

"아아, 이렇게 대륙에서 물러나야 하는 것인가?"

동위의 공격으로 대륙 기지를 모두 잃으면서 백제 성왕은 크게 탄식했다. 이때부터 백제는 대륙의 기반을 모두 잃고 나라 이름도 '백제'에서 '남부여'로 바꾸었다. 또한 도읍을 웅진성에서 더 남쪽으로 내려간 사비성으로 옮겼다. 대륙과 한반도를 호령하던 백제가 한반도 남부의 작은 나라로 기울어진 것이다.

자연재해로 위기에 빠진 고구려

대륙 기지를 모두 잃은 백제의 성왕은 단순히 슬픔에만 빠져 있지 않았다.

"고구려를 공격해 잃은 땅을 되찾으리라. 고구려의 우산성을 공격해 빼앗아 오도록 하라."

540년에 백제 성왕은 군사들로 하여금 고구려의 우산성을 공격하게 했다. 우산성은 498년에 고구려가 신라로부터 빼앗은 곳으로 고구려의 중요한 군사 기지였다.

"고구려의 우산성을 빼앗으면 저들이 더 이상 남쪽으로 내려오지 못하게 할 수 있다. 또한 힘을 키워 우리가 북쪽으로 밀고 올라가는 발판이 될 것이다. 반드시 빼앗아 오라."

성왕이 이렇게 군사들에게 신신당부한 데에는 이유가 있었다. 고구려에게도 크게 지고 대륙의 땅도 동위에게 잃은 백제였지만, 이때 고구려는 엄청난 시련에 빠져 있었기 때문이다.

"폐하, 홍수가 크게 나서 집이 다 떠내려가고 농사를 모두 망쳤습니다."

"큰일 났습니다. 지진이 일어나 수많은 백성이 죽고 다쳤습니다."

"가뭄이 그치지 않으니 들판의 곡식이 말라 죽고 있습니다."

"메뚜기 떼가 극성을 부려 곡식을 다 갉아 먹고 말았습니다."

535년과 536년에 걸쳐 고구려는 엄청난 자연재해를 겪었다. 홍수, 가뭄, 지진, 메뚜기 떼의 습격은 가끔 있는 일이었지만 이렇게 2년 동안 계속 닥친 적은 별로 없었다. 그러다 보니 나라 안에는 먹을 곡식이 없었고 백성들은 떠돌이가 되어 길바닥에서 굶어 죽어 갔다.

"하늘도 무심하시지. 어쩌자고 이렇게 큰 시련을 내리시는 것인가? 내가 나라 안을 다니면서 백성들을 직접 위로하리라. 여봐라! 위나라와 양나라

제23대 안원왕 가계도

- 제21대 문자명왕
- 왕후 성씨불명
- 차남 → 제23대 안원왕
- 왕후 성씨불명
- 2남 → 제24대 양원왕(평성)
- 세군

에 사신을 보내 도움을 구해라."

고구려는 동위와 양나라로부터 식량을 얻어 와야만 살 수 있는 형편이었다. 백제 군이 우산성을 공격한 것은 바로 이 무렵이었다.

"폐하, 백제가 우산성을 공격해 성이 완전히 포위되고 말았습니다."

"뭣이? 백제 놈들은 언제나 어려운 때 우리를 노리는구나. 백성들이 굶어 죽어 가는데 무슨 힘으로 전쟁을 치러야 하는가?"

그러자 신하들이 말했다.

"폐하, 우산성을 빼앗기면 남쪽에 세력을 뻗기가 매우 힘들어집니다. 어렵더라도 군사를 내어 우산성을 구하셔야 합니다."

신하들의 말대로 우산성은 매우 중요한 군사 기지였다. 안원왕은 어금니를 깨물며 명령을 내렸다.

"그렇다. 우산성을 지금 빼앗겨서는 안 되겠지. 정예 기병 5,000명을 보내 우산성을 구하게 하라."

이때 우산성의 고구려 군사들은 지원군만 기다리면서 죽을 힘을 다해 성을 지키고 있었다. 지원군이 조금만 늦었더라도 백제 군에게 성이 넘어갈 판이었다. 다행히 고구려는 기병 5,000명으로 백제 군의 뒤를 기습해 우산성을 가까스로 지켜 낼 수 있었다.

이처럼 백제 군에게 혼쭐난 고구려였지만 보복할 생각은 꿈에도 하지 못했다. 그렇지 않아도 몇 년간의 자연재해로 나라가 어려운데 여름에 또 우박이 내리는 등 이상 기온 현상이 일어났던 것이다.

안원왕은 왕위에 있는 동안 자연재해에 시달리며 고생했다. 하지만 안원왕의 시련은 그것으로 끝나지 않았다. 그의 아들 녹군과 세군이 왕권을 두고 전쟁을 벌였기 때문이다.

안원왕은 녹군이 세군과 세군의 가족까지 모두 죽이는 사태가 일어난 지 3개월 만인 545년 3월 세상을 떠났다.

제24대 양원왕실록

불안 속에서 왕위에 머문 양원왕

1. 양원왕 (?~559)
고구려 제24대 왕(재위 기간 545~559)으로 안원왕의 맏아들이며, 이름은 평성이다. 백제, 신라와의 전쟁에서 잇달아 져서 어려움에 빠졌다.

왕자들의 전쟁

양원왕¹은 안원왕의 맏아들이며, 이름은 평성이다. 안원왕 3년인 533년에 태자가 되어 545년 3월 안원왕이 세상을 떠나자 고구려 제24대 왕에 올랐다.

안원왕 시절에 고구려는 엄청난 자연재해를 겪으며 큰 어려움에 빠졌다. 게다가 이 틈을 노린 백제의 침략까지 받아 나라가 어수선했다. 양원왕은 나라에 닥친 어려움을 이겨 내야 할 책임을 진 태자였다. 안원왕은 병이 들어 누워 있었고 곧 그가 왕위에 올라 나라를 안정시켜야 했다.

하지만 양원왕은 왕위에 오르기도 전에 더 큰 시련을 맞았다. 동생 세군이 반란을 일으켜 왕이 되려 한 것이다.

"아바마마는 병이 들었고 나라는 위기에 빠졌다. 이러한 때에 수많은 왕자들이 있으나 내가 나라를 구하기에 가장 알맞지 않겠는가?"

세군 왕자는 이런 말을 하며 반란을 일으켰지만, 이미 평성 태자가 있었기 때문에 이는 권력에 대한 지나친 욕심으로밖에 볼 수 없었다.

544년 12월 반란을 일으킨 세군 세력은 곧 궁궐을 점령할 듯했다.

"태자마마, 세군 왕자의 군대가 무서운 기세로 달려오고 있습니다."

"곧 궁궐을 점령할 듯하오니 이 일을 어찌하면 좋단 말입니까?"

겁에 질린 신하들로부터 반란 소식을 전해 들은 평성 태자는 참을 수 없는 분노로 치를 떨었다.

"나라가 어려울 때 제 욕심을 채우고자 반란을 일으킨 세군을 왕실의 자손이라 할 수 있겠는가? 내가 반란의 무리를 없애고 세군의 가족들을 모조리 죽이리라."

처음에는 세군 세력의 힘이 강했다. 세군은 남몰래 준비한 군대를 이끌고 단숨에 궁궐까지 밀고 들어왔다.

평성 태자는 궁궐을 지키는 병사들을 불러 모아 말했다.

"반란군의 기세가 만만치 않으니 궁궐 문을 단단히 걸어 잠그고 지키도록 하라. 조금만 시간이 지나면 명분 없는 반란의 무리들은 오히려 겁을 집어먹을 것이다. 너희는 이 나라 왕실을 지키는 최고 병사들이니 나라를 어지럽게 하는 저 무리를

반드시 막아 낼 수 있을 것이다."

평성 태자의 말대로였다. 처음에는 세군 군대의 힘이 강했지만 궁궐 수비군의 방어를 뚫지 못하면서 기세가 꺾였다. 평성 태자는 3일 만에 반란군을 포위해 모두 죽여 버렸다. 또한 세군의 가족까지 남김없이 죽여 버렸다. 그야말로 형제간에 일어난 피의 다툼이었다.

왕자들의 전쟁이 끝나고 3개월이 지날 무렵 병에 걸려 누워 있던 안원왕은 숨을 거두었고, 평성 태자가 왕위에 올랐으니 그가 양원왕이다.

양원왕은 세군의 반란을 완전히 진압했지만 커다란 상처를 입은 채 왕이 되었다.

"반란의 무리들이 아직도 남아 있는 것은 아닐까? 비록 원하지는 않았지만, 어쨌거나 동생을 죽였으니 사람들의 시선이 곱지 않을 것이니 참으로 걱정이로다."

고구려가 생긴 이래로 왕자들 사이에 전쟁을 벌여 왕위를 다툰 일은 이번이 처음이었다. 그런 만큼 고구려 조정은 크게 흔들렸고, 양원왕의 위상도 약해졌다. 고구려가 수많은 외세와 다투면서도 크게 위기를 겪지 않았던 것은 왕권이 안정되어 있었기 때문이다. 그런데 양원왕의 위상이 예상치 못한 사태로 흔들렸으니, 이는 나라가 불안해질 것을 예고해 주었다.

강해지는 주변 국가들과 고구려의 시련

양원왕이 왕위에 오를 무렵, 나라 밖에서는 커다란 소용돌이가 몰아치고 있었다.

"위나라가 두 개로 쪼개져 약해진 틈을 타고 북쪽에서 돌궐이 일어나고 있습니다."

"양나라에 반란이 일어나 권력 다툼이 벌어지고 있습니다."

"동위에서 고양이 반란을 일으켜 스스로 왕위에 올라 제나라[2](북제)를 세웠습니다."

"서위에서도 우문각이 왕위를 노리고 있으니, 곧 나라가 뒤집힐 듯합니다."

계속해서 들려오는 소식에 양원왕은 깊은 시름에 빠졌다. 중국의 큰 나라들이 어지러워지면 언제, 어디서 고구려를 위협하는 세력이 나타날지 알 수 없었기 때문이다. 중국 대륙뿐만 아니라 북쪽 변방에서도 말갈과 물길이 힘을 키워 점점 무시할 수 없는 세력이 되고 있었다.

"백암성을 새로 짓고 신성을 고쳐 전쟁에 대비하도록 하라."

547년 7월 양원왕은 전쟁에 대비해 북방의 성을 단단히 지키게 했다. 그리고 날로 성장하는 백제를 힘으로 위협했다.

"백제의 요새인 독산성을 공격해 점령하도록 하라."

548년 1월에 양원왕은 군사 6,000명을 동원해 백제의 독산성을 쳤다. 독산성은 아리수 북쪽의 요새로서 이곳을 고구려가 차지하면 백제의 위협을 어느 정도 잠재울 수 있었다. 고구려 군은 독산성을 무너뜨리는 데 성공할 뻔했으나 신라가 끼어드

2. 제나라
동위의 권력자이던 고양이 550년에 세운 나라. 577년 북주에 의해 멸망했다.

백암성

양원왕 3년에 새로 지은 성으로 고구려의 중요한 군사 기지였다. 지금은 역사를 뒤로한 채 허물어져 가고 있다.

중국 요령성 등탑시

는 바람에 실패하고 말았다.

"신라 장군 주령이 군사 3,000명을 끌고 와서 백제를 돕는 바람에 독산성에서 물러났습니다."

양원왕은 이 소식을 듣고 매우 안타까워했지만 백제와 신라만 계속 쳐다보고 있을 수는 없었다. 중국 대륙에서 빠른 변화가 일어나고 있었기 때문에 북방의 수비를 튼튼히 해야 했다.

이런 틈을 노리고 고구려를 공격한 나라는 백제였다.

"고구려는 지금 혼란스러운 북방에 대비하느라 정신이 없다. 고구려를 공격해 지난날의 원한을 갚아 주자."

550년 1월 백제 군이 고구려의 도살성을 갑자기 공격한 것이다. 미처 대비하지 못한 고구려는 눈 깜짝할 사이에 도살성을 빼앗기고 말았다.

"북방이 어수선하지만 백제부터 응징해야겠다. 백제의 금현성을 공격해 빼앗아라."

양원왕의 명령으로 백제에 대한 복수전이 시작되었고, 이에 백제도 지지 않고 맞서 싸웠다. 두 나라는 서로 공격을 주고받으며 함께 지쳐 갔다.

신라는 이렇게 두 나라가 지쳐 가고 있을 때 재빠르게 끼어들었다. 그리고 금현성과 도살성을 모두 공격해 백제 군과 고구려 군을 내쫓고 두 성을 차지해 버렸다.

"신라는 아주 약아빠진 놈들이구나. 두 나라가 싸우는 것을 구경하다가 성을 차지해 버리다니!"

양원왕이 이렇게 분통을 터뜨린 것처럼 백제 왕실도 땅을 쳤다. 이 사건으로 백제와 신라의 동맹 관계는 깨지고 삼국의 다툼은 새로운 모양으로 펼쳐졌다. 오랫동안 고구려와 백제에 가려 있던 조그마한 나라, 신라가 강해지기 시작한 것이다.

하지만 고구려는 이런 신라를 제압할 여유가 없었다. 중국 대륙이 혼란스러워지고 새로운 세력이 고구려를 위협하며 나타나고 있었기 때문이다. 그 가운데에서 551년 가을 돌궐[3]이 고구려 국경을 넘어 쳐들어왔다.

"돌궐의 군대가 신성을 에워싸고 공격하고 있습니다."

다급한 보고를 듣고 양원왕이 말했다.

"신성은 평양성을 지키는 방패막이다. 반드시 성을 지켜야 한다."

양원왕의 명령을 받은 고구려 병사들은 신성을 굳건히 지키며 싸웠고, 돌궐은 결국 신성을 무너뜨리는 것을 포기했다. 하

3. 돌궐
6세기 중엽부터 몽골 고원을 중심으로 활동한 투르크계 민족이다.

지만 그것으로 물러가지 않고 다시 백암성을 공격했다.

"저들이 물러갈 생각이 없는 것 같구나. 장군 고흘은 군사 1만 명을 이끌고 가서 돌궐 군을 무찌르도록 하라."

고흘은 매우 뛰어난 장수였다. 돌궐 군은 전투를 많이 치른 데다 사나웠지만 고흘의 뛰어난 전술 앞에 무너지고 말았다. 고흘은 돌궐 군 1,000명을 죽이고 크게 이겼다.

그런데 이때 신라가 고구려 남쪽 국경을 쳐들어왔다.

"폐하, 신라 장군 거칠부가 군사를 이끌고 남쪽을 공격하고 있습니다."

"북쪽에서는 돌궐 군이 쳐들어오고 남쪽에서는 신라가 쳐들어오니 어떻게 해야 합니까?"

양쪽 적들에게 공격받은 고구려는 힘이 남아 있지 않아 결국 신라에게 10개 성을 빼앗겼다. 이로써 고구려의 한반도 쪽 영

토는 평안남북도와 황해도, 함경북도 지역으로 줄어들었다.

신라는 북쪽으로는 함경도까지 나아가고 백제와 싸움을 벌여 신주를 차지하는 등 더욱 세력을 넓혔다. 이에 백제 성왕은 신라 진흥왕에게 화친을 제의하고 자신의 딸을 진흥왕에게 시집보내면서 손을 잡으려 했다.

하지만 백제와 신라 사이의 동맹은 이미 깨어진 지 오래였다. 고구려도 이런 사실을 잘 알고 있었다.

"폐하, 백제 성왕이 신라 왕에게 공주를 시집보내 동맹을 맺으려 하고 있습니다."

이런 보고를 받고 양원왕이 말했다.

"걱정 마라. 더 이상 백제와 신라는 동맹을 맺을 수 없을 것이다. 신라가 지난번에 도살성과 금현성을 차지한 뒤로 두 나라는 속으로 서로 미워하고 있을 것이다."

과연 백제 성왕은 신라와 사이가 점점 나빠지자 554년 7월에 신라를 기습했다. 하지만 이를 눈치 챈 신라 군에 의해 백제 성왕은 목숨을 잃고 말았다. 양원왕은 이때를 백제 공격의 기회로 보았다.

"백제의 왕이 죽었으니 지금이 공격할 때다. 백제의 웅천성을 공격해 점령해라."

554년 10월에 고구려 군은 백제 웅천성을 공격했다. 하지만 위덕왕[4](왕자 창)이 이끄는 백제 군에 밀려 물러나고 말았다.

그 뒤 고구려는 더 이상 백제를 공격하지 못했다. 오랫동안 계속된 전쟁으로 병사들은 지쳐 있었고, 거듭된 패배로 사기는

4. 위덕왕 (?~598)
백제 제27대 왕(재위 기간 554~598)으로 성왕의 맏아들이며 이름은 창이다. 웅천성에서 고구려의 공격을 막아 냈으며 신라와 치열하게 다투었다.

고구려사 이야기

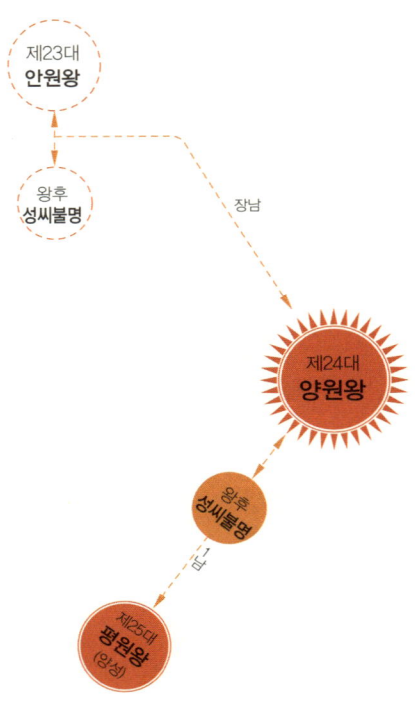

완전히 땅에 떨어져 있었기 때문이다. 또한 중국 대륙에서 심상치 않은 상황이 벌어지고 있었기 때문에 남쪽에 신경 쓸 여유가 없었다.

"서위에서 우문각이 왕을 내쫓고 스스로 왕위에 올라 나라를 세웠습니다."

557년 서위의 권력자 우문각이 주나라⁵(북주)를 세웠던 것이다. 이리하여 중국 대륙 북쪽에는 제나라와 주나라가 서게 되었다. 한편 중국 대륙 남쪽에서도 반란이 계속 일어나 진패선이 557년에 스스로 왕이 되어 진나라⁶를 세웠다.

이처럼 중국 대륙에 몰아치는 소용돌이 때문에 나라가 불안에 빠져 있는 가운데, 557년 10월 고구려에서도 환도성의 장수 간주리가 반란을 일으켰다. 양원왕은 이 반란을 진압했지만 나라의 위태로움은 더욱 커졌다.

이렇게 처음부터 시련을 겪으며 왕이 되었다가 주변 나라들의 위협 속에서 불안하게 왕위에 머물던 양원왕은 559년 3월에 세상을 떠났다.

5. 주나라
서위의 권력자이던 우문태가 죽자 그의 아들 우문각이 557년에 세운 나라다. 왕실의 외척이었던 양견에 의해 581년에 멸망했다.

6. 진나라
557년에 진패선이 양나라를 무너뜨리고 세운 나라다. 589년에 수나라에게 무너졌다.

명문이 있는 금동판
함경남도 신포시에서 출토된 금동판이다. 새겨진 글을 통해 양원왕 시대 유물임을 알 수 있다.

제25대 평원왕실록

전쟁을 피하고 힘을 키운 평원왕

평원왕시대의 세계 약사

중국은 남북조시대를 마치고 통일시대를 맞이했다. 577년 북주 왕 우문옹이 북제를 멸망시켜 북방을 통일했고, 581년 양견이 북주의 마지막 왕 우문천을 폐위시켜 북주 왕조가 무너지고 수나라가 세워졌다. 수나라의 양견은 589년 남쪽의 진을 멸망시켰다.
서양은 동쪽에서 동로마와 페르시아가 다투었고, 서쪽에서 프랑크 왕국이 세력을 넓혔다. 579년 동로마는 페르시아군을 무찌르고 이탈리아 반도와 아프리카에 총독부를 세웠다. 이 무렵 프랑크 왕국은 세 개로 나누어져 제후들이 권력을 휘둘렀다.

뛰어난 외교 전술로 나라를 지키다

평원왕은 양원왕의 맏아들로 이름은 양성이다. 그는 557년에 태자가 되었고, 559년 3월 양원왕이 세상을 떠나자 고구려 제25대 왕에 올랐다.

이 무렵 고구려는 나라의 힘이 매우 약해져 있었다. 한반도에서는 신라가 세력을 넓혀 함경도 지역까지 올라왔고, 대륙 서쪽에서는 주나라와 돌궐 등이 위협하고 있었다.

양쪽 변방이 모두 위협받자 고구려 조정은 어느 쪽에 대해서도 적극 맞서기 힘들었다. 이 당시 고구려의 군사력은 광개토왕 이후 가장 나쁜 상황이었다.

이런 문제를 놓고 평원왕은 신하들과 걱정스럽게 의논했다.
"지금 우리나라는 예전처럼 강하지 못하다. 이러한 때 주변

나라들이 양쪽에서 우리를 위협해 오니 어찌하면 좋겠는가?"

평원왕의 물음에 신하들이 대답했다.

"양쪽의 적과 동시에 싸우면 나라가 위태로워지니 지금은 전쟁을 피해야 할 때입니다."

"그렇습니다. 또한 우리나라를 위협하는 세력이 함부로 날뛰지 못하도록 외교를 해야 할 것입니다."

평원왕도 신하들의 말에 고개를 끄덕였다.

"그대들의 말이 옳다. 지금 병사들은 지쳐 있고 백성들은 불안에 떨고 있다. 전쟁을 피하기 위해 다른 나라와 좋은 관계를 맺어야 할 것이다. 제나라와 진나라에 사신을 보내 화친을 맺도록 하라."

고구려는 560년 제나라와 진나라 사신을 맞이하고 화친을 맺었다.

이 무렵 한반도에서는 백제와 신라가 치열하게 싸우고 있었다. 신라는 진흥왕 이후 계속 백제를 공격해 영토를 넓혀 갔으며 백제는 가야, 왜 등과 동맹을 맺고 신라에 맞섰다. 하지만 무섭게 달아오른 신라의 기세를 꺾지 못했다.

신라의 성장은 고구려에게도 위협적이었다.

"신라 진흥왕이 지난번 우리에게 빼앗은 땅에 비석을 세우고 제 땅이라고 선언했습니다."

"뭣이? 건방진 놈들 같으니라고."

평원왕은 화가 났지만 어쩔 수 없었다. 신라 진흥왕은 이때 고구려에게 빼앗은 영토에 황초령순수비, 마운령순수비 등을

1. 평원왕 (?~590)

고구려 제25대 왕(재위 기간 559~590)으로 양원왕의 맏아들이며 이름은 양성이다. 고구려의 힘이 약해져 주위 나라들과 화친 정책을 쓰며 안정을 꾀했고, 수나라의 침략에 대비했다.

세워 고구려의 심기를 건드렸지만 북쪽 변방의 위협 때문에 신라를 혼내 주지 못했다.

평원왕이 신라를 공격하는 것 대신 택한 것은 왜와 외교를 맺는 일이었다. 왜는 배를 타고 신라의 남쪽을 공격할 수 있으니, 고구려가 왜와 외교를 맺는 것은 신라에게 매우 위협적이었다. 평원왕이 보낸 고구려 사신은 570년 7월 왜에 도착해 2년 동안 머무르면서 성대한 대접을 받았다. 고구려가 왜와 외교를 맺는 데 성공한 것이다.

이즈음 고구려를 위협하던 주나라는 고구려의 요동을 쳐들어왔다. 이에 평원왕은 직접 군사를 이끌고 나가 북주 군을 물리쳤다.

오랜만에 거둔 승리로 고구려 군의 사기가 높아지자 평원왕은 욕심이 생겼다.

'건방진 신라가 차지한 땅을 빨리 되찾아 와야 할 텐데. 그러자면 신라를 고립시켜야 할 것이다.'

평원왕은 고구려를 쳐들어와 위협했던 주나라와도 화친을 맺어야겠다고 마음먹었다. 574년에 평원왕은 주나라에 사신을 보내 화친을 제의했으며, 이를 주나라가 받아들이자 나라의 걱정을 크게 덜었다. 하지만 신라를 고립시키기는 쉽지 않았다. 신라도 북제, 왜 등과 외교 관계를 맺고 있었기 때문이다.

어쨌거나 평원왕은 외교로 전쟁을 피하고 나라를 안정시키는 데 성공했다. 그리고 조금씩 힘을 키워 다가올 위기에 대비할 수 있었다.

수나라의 등장과 폭풍 전야의 고구려

평원왕이 외교를 통해 나라의 안정을 꾀하고 있을 무렵, 중국에서는 큰 변화가 일어났다. 577년에 북주의 왕 우문옹이 북제를 공격해 멸망시킨 것이다. 거기에다 우문옹이 세상을 떠나고 다시 우문빈이 왕이 되었다가 몇 개월 만에 죽자 외척인 양견[2]이 권력을 잡았다. 양견은 그 이듬해에 북주의 왕으로 있던 우문천을 쫓아내고 스스로 왕위에 올랐다. 그리고 나라 이름을 '수'[3]라고 했으며 장안에 도읍을 정했다.

평원왕은 이 사태에 큰 관심을 가졌다. 중국 대륙의 북방을 통일한 수나라는 고구려에 큰 위협이 될 수도 있었기 때문이

2. 양견 (541~604)
수나라의 초대 황제(재위 기간 581~604)로 본래 북주의 외척이었으나 북주를 무너뜨리고 수나라를 세워 중국 대륙을 통일했다.

3. 수
581년에 양견이 세운 중국의 통일 왕조다. 고구려 침략에 실패한 뒤 나라 안이 크게 어지러워져 618년에 각지에서 일어난 반란으로 멸망했다.

다. 평원왕은 수나라에 사신을 보내 수나라와 양견에 대해 알아보기로 했다. 그는 수나라로 보낼 사신을 불러 말했다.

"그대는 수나라에 가서 양견이 어떤 인물인지 자세히 알아보도록 하라. 그가 앞으로 무엇을 하려 하는지, 수나라는 어떻게 굴러가는지 하나도 놓치지 말고 살펴보라."

사신은 평원왕의 명령대로 양견과 수나라에 대해 자세히 관찰하고 돌아와서 말했다.

"폐하, 양견은 야심이 매우 큰 인물입니다. 단순히 왕이 되었다는 것에 만족하지 않고 앞으로 대륙을 통일하고 천하를 지배할 욕심을 품고 있습니다."

평원왕은 사신의 보고를 듣고 신하들을 불러 모아 말했다.

"양견이 세운 수나라는 앞으로 대륙을 통일하고 고구려를 넘볼 것이다. 머지않아 큰 전쟁이 있을 것 같으니 이에 대비해야 한다. 먼저 백성을 부역에 끌어들이지 말 것이며, 그들이 농사를 잘 지을 수 있게 해 민심을 안정케 하라. 또한 계속 사신을 보내 수나라의 사정을 살피도록 하라."

한편 수나라의 양견은 이때 고구려를 매우 친하게 대했다.

"폐하, 양견은 우리나라와 화친을 맺고 가깝게 지내고자 하는 소망이 매우 크다 합니다."

사신들의 보고를 듣고 평원왕이 말했다.

"양견이 지금 우리를 좋게 대하는 것은 남쪽의 진나라를 쳐서 대륙을 통일하고자 하기 때문이다. 우리와 친하게 지내면서 마음 편하게 진나라와 전쟁을 해 이기고 나면 반드시 우리를 공격할 것이다. 선왕(양원왕)께서 이를 내다보시고 장안성을 쌓았으니 도읍을 그곳으로 옮겨 수나라의 침입에 대비하도록 할 것이다."

이리하여 고구려는 586년에 장안성으로 도읍을 옮겼다. 장안성은 양원왕 때부터 30년 동안 쌓은 튼튼하고 거대한 성이었다. 그리고 수나라의 양견은 고구려의 예상대로 588년 진나라를 무너뜨리고 중국 대륙을 통일했다. 수백 년 만에 중국 대륙에 다시 나타난 거대한 통일 왕조는 고구려에 무척이나 위협적이었다. 아니나 다를까, 양견은 대륙을 통일하자마자 590년 고구려에 사신을 보내 이렇게 말했다.

"예부터 작은 나라는 큰 나라를 섬기는 것이 예절이다. 변방의 고구려는 조공을 바치고 짐을 섬기도록 하라."

하지만 고구려 조정과 평원왕은 이를 받아들이지 않았다.

"우리나라는 동명성왕께서 나라를 연 이래로 누구에게도 고개를 숙인 적이 없다. 어제는 친구인 척하다가 오늘에 와서는 예의 없이 구는 수나라에 무릎 꿇는 일은 결코 없을 것이다. 모든 조정 대신과 병사들, 온 백성은 한뜻이 되어 건방진 수나라와의 전쟁에 대비하도록 하라."

평원왕은 이렇게 전쟁 준비를 다그쳤다. 하지만 590년 10월에 평원왕이 숨을 거두었으니, 고구려는 더 어려운 상황으로 빠져 들었다. 역사에서 가장 강한 침략군과의 전쟁을 앞둔 폭풍 전야의 시간이 고구려에 찾아든 것이다.

평강 공주와 온달 장군

평원왕 시대에는 바보 온달과 평강 공주 이야기가 전해진다. 평민이었던 온달이 평강 공주와 결혼해 왕의 사위가 될 뿐 아니라 전쟁에서 공을 세워 장군이 된다는 이야기다.

《삼국사기》에 나오는 이 이야기는 다음과 같다.

온달은 집이 몹시 가난해 늘 밥을 구걸해 먹으며 어머니를 모시고 사는 평민이었다. 얼굴은 못나고 우스꽝스러웠지만 마음씨는 고왔다. 누더기를 입고 다니던 그를 사람들은 '바보 온달' 이라 부르며 놀려 댔다.

이때 평원왕에게는 어린 딸이 있었는데 날이면 날마다 울어 댔다. 평원왕은 공주의 울음을 그치게 할 생각으로 이렇게 말하곤 했다.

"네가 너무 울어서 늘 시끄럽게 구니 너는 커서 사대부의 아내가 되기는 틀렸다. 그러니 바보 온달에게나 시집가라."

어느덧 공주의 나이가 16세가 되어 짝을 맺어 줄 때가 되자 평원왕은 딸을 상부 고씨에게 시집보내려고 했다.

그러자 공주가 말했다.

"아버지께서 저에게 '너는 커서 온달에게나 시집가라.' 라고 하셨는데, 이제 와서 무슨 까닭으로 말씀을 바꾸십니까? 한 나라의 임금은 함부로 거짓말을 하지 않는다고 했으니, 오늘 상부 고씨에게 시집가라는 아버지의 말씀은 크게 잘못되었습니다."

그러자 평원왕이 불같이 화를 냈다.

"네가 정녕 내 말을 듣지 않겠다면 내 딸이라고 할 수 없으니 어찌 같이 살 수 있겠느냐? 그러니 네 마음대로 해라."

공주는 그길로 많은 패물을 가지고 궁궐을 빠져나와 온달의 집을 찾아갔다. 물어물어 그의 집을 찾아간 공주는 온달의 눈먼 어머니 앞에 엎드려 절을 하며 말했다.

"저는 지금 아드님이신 온달을 찾고 있으니, 그가 어디에 있는지 말해 주십시오."

온달의 어머니는 비록 눈이 멀었으나 공주에게서 나는 냄새를 맡고 귀한 신분임을 알았다.

"내 아들은 가난하고 보잘것없어 귀한 분이 가까이할 사람이 못 됩니다. 지금 아가씨 몸에서는 향기가 나고 아가씨 손은 솜처럼 부드러우니 분명히 귀한 집안의 따님이신데 누구의 꾐에 빠져 여기까지 오셨습니까? 내 아들은 굶주림을 참다 못해 느릅나무 껍질을 벗기러 산에 간 지 오래입니다."

공주는 이 말을 듣고 그 집에서 나와 산 밑으로 갔다. 그때 온달이 저만치서 느릅나무 껍질을 지게에 지고 나타났.

공주는 온달에게 다가가서 말했다.

"당신의 부인이 되고자 찾아왔으니 저를 받아 주십시오."

그러자 온달은 화를 불끈 내며 말했다.

"너처럼 어리고 고운 여자가 어찌 나에게 시집올 수 있단 말이냐? 너는 분명 여우나 귀신이 둔갑할 것일 테니 다시는 내게 가까이 오지 마라!"

온달은 뒤도 돌아보지 않고 가 버렸다. 공주는 어쩔 수 없이 온달의 집 사립문 밖에서 잠을 잤다. 그리고 날이 밝자 다시 온달의 집으로 들어가 자초지종을 설명했다.

공주의 말을 듣고 온달은 우물쭈물 결정을 내리지 못하는데, 그의 어머니가 입을 열었다.

"내 자식은 비천해 귀한 이의 짝이 될 수 없고, 우리 집은 몹시 가난해 머무르기에 알맞지 않습니다."

그러자 공주가 말했다.

"두 사람의 마음만 맞으면 그만이지 그것이 무슨 문제입니까? 저는 이제 갈 곳도 없는 신세이오니 부디 받아 주시기 바랍니다."

공주는 두 사람을 설득해 마침내 온달과 결혼했다. 그러고는 가지고 온 패물을 팔아 땅과 집, 소와 말을 사들였다. 공주는 말을 정성껏 길러 훌륭하게 만들었다.

그 무렵 고구려에서는 해마다 3월 3일이 되면 낙랑 언덕에 모여 사냥을 하고 거기에서 잡은 돼지와 사슴으로 하늘과 산천에 제사를 지냈다. 왕과 조정의 신하들은 이때 사냥을 잘한 젊은이를 뽑아 상을 주곤 했는데, 평원왕은 이번에도 어김없이 사냥 대회를 열었다.

이때 한 젊은이가 남보다 앞서 말을 달리고 누구보다도 많은 짐승을 잡아서 주위에 그를 따를 사람이 없었다. 그러자 왕이 젊은이를 불러 칭찬했다.

"너는 누구이기에 이렇게 사냥을 잘하느냐?"

"저는 온달이라고 합니다."

그러자 왕이 웃으며 말했다.

"나는 네가 바보라는 말을 들었는데, 오늘 보니 훌륭한 장군감이로다. 네가 탄 저 훌륭한 말은 직접 기른 것이냐?"

"아니옵니다. 이 말은 제 아내가 정성껏 기른 것입니다."

"오호, 솜씨가 놀랍구나. 네 아내의 이름은 무엇이냐?"

"제 아내는 폐하의 따님인 평강 공주님입니다."

이 말을 듣고 평원왕은 깜짝 놀랐다.

그 뒤 온달은 북주의 군사들이 요동을 쳐들어오자 앞장서서 적군 수십 명의 목을 베는 성과를 올렸다. 그러자 사기가 높아진 고구려 군사들은 용감하게 싸워 전쟁에서 크게 이겼다.

평원왕은 큰 공을 세운 온달을 불러 수많은 사람 앞에서 말했다.

고구려사 이야기

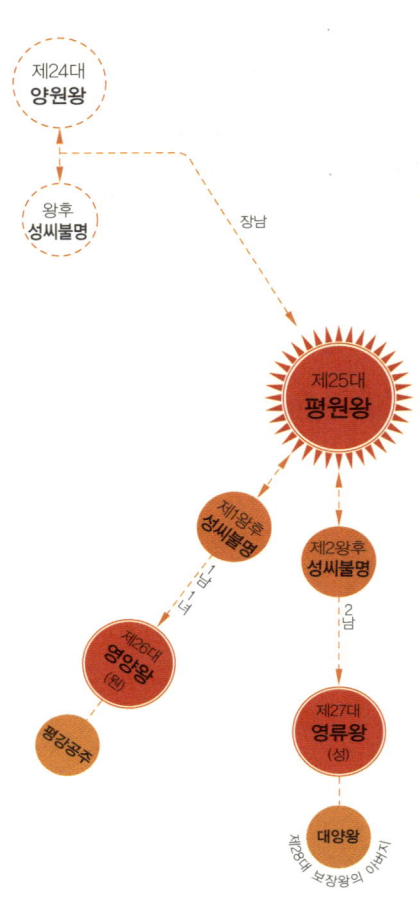

"이 사람이 내 사위다. 이 훌륭한 장수가 바로 내 사위다."

그러고는 온달에게 귀족 신분을 내려 주었으며 가까이 두고 끔찍이 아꼈다.

평원왕의 뒤를 이어 영양왕이 왕위에 오르자 온달은 왕 앞에 나아가 말했다.

"폐하, 지난날 신라에게 빼앗긴 영토와 백성을 되찾아 나라의 위상을 세우시옵소서."

영양왕은 온달의 말을 반기며 말했다.

"그렇게만 된다면 오죽 좋겠느냐? 하지만 그것이 쉽지 않으니 누구를 보내 신라와 싸우게 한단 말인가?"

그러자 온달이 말했다.

"제가 가겠습니다. 빼앗긴 우리 땅을 되찾기 전에는 결코 돌아오지 않겠습니다."

군사들을 이끌고 길을 떠난 온달은 아단성 밑에서 신라 군과 싸우다가 화살에 맞아 목숨을 잃고 말았다. 병사들이 그를 장사 지내려 하자 관이 움직이지 않았다. 이 소식을 들은 평강 공주가 달려와 관을 어루만지며 위로하자 그제야 관이 움직였다고 한다.

온달산성

신라시대의 산성으로 온달 장군이 이 산성에서 신라군과 싸우다 숨을 거두었다는 전설이 전해진다.

충청북도 단양군

제26대 영양왕실록

수나라와의 전쟁에서 이긴 영양왕

영양왕시대의 세계 약사

중국은 수나라에 의해 통일되었다. 수나라의 문왕과 양왕이 계속 고구려와 전쟁을 벌이자 곳곳에서 농민들이 들고 일어났다. 618년에는 호족 세력에 의해 수 왕조가 무너지고 이연이 당나라를 세웠다. 서양의 동로마에서는 페르시아와 화친을 맺어 한동안 평화를 유지했다. 하지만 602년 동로마의 마우리키오스 황제가 피살되어 내란이 일어났다. 616년에는 페르시아가 예루살렘을 공격하고, 이듬해에는 이집트를 점령함으로써 동로마의 힘은 크게 줄어들었다.

강이식의 활약과 수나라 30만 대군의 전멸

590년 10월 평원왕이 세상을 떠나고 왕위를 이어받은 영양왕[1]은 즉위하자마자 수나라의 위협에 맞닥뜨렸다.

"고구려 왕은 짐을 섬겨 조공[2]을 바치도록 하라."

수나라 황제 양견의 거만한 협박에 영양왕은 조금도 주눅 들지 않았다.

영양왕은 조정 신하들을 모두 모아 놓고 말했다.

"양견이 중원을 통일해 지금 매우 강한 듯하나 예부터 우리나라는 천하의 주인으로 누구에게도 무릎 꿇은 적이 없다. 과인은 오만을 부리는 양견에 맞서 싸울 것이다. 이 나라의 온 백성과 신하들도 과인의 뜻에 따르리라 믿는다."

영양왕은 수나라에 사신을 보내 나라 돌아가는 사정을 살피게 했다. 그것은 수나라도 마찬가지였다. 두 나라는 서로 사신을 보내며 맞붙어 싸울 준비를 하고 있었다.

　　"폐하, 양견이 고구려를 치기 위해 남몰래 수군과 육군 30만 대군을 모아 훈련시키고 있습니다."

　　사신에게서 보고를 들은 영양왕은 겁을 먹기는커녕 투지를 불태우며 말했다.

　　"고구려의 병법은 적이 오기를 기다리는 것이 아니라 먼저 적을 치는 것이다. 말갈 군사 1만 명을 동원해 수나라의 요서 지역을 즉시 공격하라. 매운맛을 보여 줘서 저들이 우리를 두려워하게 하라."

　　598년 고구려는 수나라를 먼저 공격했다. 갑작스런 공격을 받은 수나라의 영주 총관 위충은 성을 지키며 장안에 사람을 보내 도움을 요청했다.

　　"폐하, 고구려 군이 공격해 왔습니다. 너무 갑작스럽게 쳐들어와서 막아 내기 어려우니 군사를 보내 주시옵소서."

　　이 말을 듣고 수나라 황제 양견은 크게 화를 냈다.

　　"감히 고구려가 짐의 땅을 먼저 공격해? 역시 만만한 나라가 아니로다. 여봐라! 고구려 정벌을 위해 훈련시킨 30만 대군을 총출동시키도록 하라."

　　양견의 명령으로 598년 6월 마침내 수륙군 30만 대군이 고구려를 향해 나아갔으니, 이것이 수의 제1차 침입이다.

　　이때 고구려의 병마원수를 맡아 수나라 군대에 맞선 장수는

1. 영양왕 (?~618)
고구려 제26대 왕(재위 기간 590~618)으로 평원왕의 맏아들이며 이름은 원이다. 수나라의 네 차례 침략에 맞서 이를 막아 내고 고구려의 위상을 높였다.

2. 조공
약한 나라가 강한 나라에게 사신을 보내 예물을 바치던 것을 말한다. 조공을 주고받는 두 나라는 왕과 신하의 관계가 된다.

3. 강이식 (?~?)

진주 강씨의 시조다. 고구려의 이름난 장군으로 고구려에게 조공을 바치라고 한 수나라를 먼저 공격한 뒤 크게 이겼다.

강이식[3] 장군이었다. 강이식은 일찍이 수나라 황제 양견이 오만한 편지를 보내와서 자신을 섬기라고 했을 때 이렇게 말한 적이 있었다.

"이 같은 오만무례한 글은 붓으로 답할 것이 아니라 칼로 답해 주어야 합니다. 저들을 먼저 쳐서 두려움에 떨게 만들 테니 폐하께서는 제게 그 책임을 맡겨 주십시오."

강이식은 고구려의 선제공격 전술을 주장한 장군이었다. 강이식은 1만 명의 말갈 병사들을 데리고 요서 지역을 치면서 이미 수나라의 대군이 올 것을 알고 있었다.

"우리가 요서를 치는 것은 적을 꾀어내어 무찌르기 위해서다. 적은 반드시 바다로 올 것이니 모든 군사들은 이에 대비하라."

강이식의 말대로 수나라 30만 대군은 좌군, 우군으로 나뉘어 좌군은 육로를 통해, 우군은 바다를 통해 고구려로 쳐들어왔다. 수나라 장수 주나후는 우군을 이끌고 산동반도의 동래에 이르러 수많은 배를 이끌고 고구려로 향하기 시작했다. 이들은 뱃길을 이용해 요동반도로 들어간 뒤 다시 강을 타고 평양성으로 들어갈 생각이었다. 강이식은 이들의 전략을 꿰뚫어 보고 말했다.

"적의 수는 30만 명이라 엄청난 식량을 가지고 와야 할 것이다. 저들은 그 식량을 배에 싣고 뱃길로 올 것이다. 뱃길로 오는 적을 바다에서 무찌르면 육지로 오는 적들은 식량이 없어 굶어 죽을 것이다."

강이식은 수군을 이끌고 바다로 나가 수나라 군대의 식량을 싣고 있는 배를 무찔렀다. 또한 뱃길의 길목을 지키며 수나라 배가 나타날 때마다 침몰시켰다.

이 때문에 수나라 병사들은 굶어서 허덕였다. 게다가 장마가 닥쳐 전염병까지 돌아 수나라 병사들은 날마다 죽어 나갔다.

"고구려와 싸우기도 전에 굶어 죽겠구나."

"바다 한가운데에서 오도 가도 못하는 신세라니!"

강이식은 수나라 병사들이 이렇게 풀이 죽어 가고 있음을 알고 마침내 총공격 명령을 내렸다.

"지금 수나라 병사들은 굶주리고 병이 들어 허깨비나 다름없다. 적을 총공격해 모조리 바다에 처넣어라."

그리하여 수나라 수군은 바다 한가운데에서 대부분 목숨을 잃었다. 고구려는 이들을 무찌르면서 동시에 수나라의 엄청난 물자와 병기를 빼앗을 수 있었다. 수군이 무너지자 육지로 나아가던 수나라 군대도 더 이상 앞으로 나아갈 수 없었다. 이들 또한 굶주리고 병들어 이미 고구려 군의 상대가 되지 못했다.

결국 수나라 군대는 전멸하다시피 하면서 일부만 살아남아 자기 나라로 돌아갔다. 대륙을 통일하며 기세를 올린 수나라의 30만 대군이 고구려 강이식 장군의 활약 앞에 완전히 무너진 것이다. 이때 강이식이 이끈 고구려 군사는 말갈 군 1만 명까지 포함해 모두 6만 명이었다.

수나라의 재침략에 대비하다

손 한 번 써 보지 못하고 30만이라는 큰 병력이 어이없이 무너지자 수나라 황제 양견은 화가 나서 눈이 뒤집혔다.

"어떻게 이런 일이 있을 수 있느냐? 이번에 출전한 장수들은 패배의 죄를 물어 모조리 목을 베어라. 내가 반드시 고구려를 박살 내고 말리라. 당장 군사를 준비시켜라."

그러나 수나라 조정 대신들은 양견을 말리고 나섰다.

"폐하, 아니 되옵니다. 지금은 장마 중이라 전염병이 쉽게 돌고 군사들이 먼 길을 가기 힘드니 다음 기회를 노리셔야 합니다."

"그렇습니다. 다시는 이런 일이 없도록 군사들을 철저히 훈련시키는 시간이 필요합니다."

결국 양견은 신하들의 반대로 고구려 침략을 일단 포기할 수밖에 없었다.

영양왕은 이 상황을 놓치지 않고 수나라에 사신을 보냈다.

"서로가 원한이 없는 나라인데 괜히 전쟁을 해 백성을 힘들게 하는 것은 좋지 못합니다. 싸움을 그만두고 서로 나라와 백성을 돌보도록 합시다."

수나라는 이미 고구려 군의 매운맛을 본 뒤였기 때문에 영양왕의 제안을 받아들이지 않을 수 없었다. 영양왕은 수나라의 이러한 사정을 꿰뚫어 보고 사신을 보내 화친을 제안했던 것이다.

수나라와 화친을 맺어 당분간 전쟁의 위협을 없앤 영양왕은 신하들을 불러 모아 의논했다.

"화친은 본래 우리가 힘으로 맞서 이길 수 있을 때 하는 법이라 이번에는 수나라에 화친을 제의해 성공했다. 하지만 양견은 반드시 다시 쳐들어올 것이다. 이에 철저히 대비해야 할 텐데 어찌하면 좋겠는가?"

그러자 신하 하나가 나서서 말했다.

"폐하, 우리나라의 걱정거리는 적이 양쪽에 있다는 것입니다. 두려운 것은 수나라의 100만 대군이 아니라 북방과 남방이 동시에 공격받는 일입니다. 수나라와의 전쟁에 대비하기 위해서는 먼저 남쪽의 백제와 신라를 눌러 놓아야 할 것입니다."

그러자 다른 신하들도 맞장구쳤다.

"그렇습니다. 더구나 백제는 이번에 수나라에 사신을 보내 우리를 공격하는 것을 돕겠다고 했다 하니 어찌 이를 가만히 내버려 둘 수 있겠습니까?"

사실 백제는 수나라와 손잡고 고구려를 멸망시키려 했던 것이다. 하지만 고구려를 이길 자신이 있었던 수나라는 백제의 제안을 거부했다.

영양왕은 이 말을 듣고 크게 분노했다.

"역시 백제를 그대로 두고서는 안심할 수 없구나. 자칫하면 세 나라와 동시에 싸워야 하는 어려움에 빠질 수 있으니, 수나라와 화친을 맺은 지금 백제와 신라를 공격해 기세를 꺾어 놓아야겠다."

영양왕은 603년에 장군 고승을 보내 신라의 북한산성을 공격했다. 또한 607년 5월에는 백제의 송산성을 공격했다. 비록 신라와 백제의 성을 무너뜨리지는 못했지만, 백제와의 싸움에서 백성 3,000명을 포로로 잡아 오는 등 신라와 백제의 힘을 꺾어 놓는 데에는 어느 정도 성공했다.

그렇다고 영양왕이 군사 준비만 한 것은 아니었다.

"강한 적을 맞아 싸우기 위해서는 무엇보다도 강한 군사력이 필요하다. 하지만 강한 정신력은 더욱 중요하다. 나라를 지키는 강한 정신력은 나라의 역사를 널리 알려 위상을 높이 세우는 데서 생겨난다. 본래 우리나라는 천제의 자손인 동명성왕께서 세운 나라이니, 천하에 우리나라보다 높은 나라가 어디에 있겠느냐? 태학박사 이문진은 나라의 역사를 정리해 책을 내도록 해라."

600년 1월 영양왕의 명령으로 태학박사 이문진은 고구려의 옛 역사를 간추려 《신집》 5권을 만들었다. 고구려는 나라를 세운 초기에 이미 《유기》라는 100권의 역사책을 냈는데, 《신집》은 《유기》와 그 밖의 역사책을 모아 정리한 것이다.

이렇게 영양왕은 군사 준비는 물론 정신적, 문화적 위상을 높이는 일을 함으로써 수나라의 재침략에 대비했다. 그리고 고구려의 예상대로 수나라의 침략은 빠르게 다가오고 있었다.

수나라 113만 대군과 을지문덕의 살수대첩

604년 7월 수나라에서는 커다란 사건이 일어났다. 양견의 둘째 아들 양광이 아버지인 양견을 죽이고 스스로 왕위에 올랐던 것이다.

양광은 양견보다 더 야심에 불타는 인물이었다.

"낙양을 새로운 도읍지로 정할 것이니, 낙양과 탁군(북경)을 잇는 큰 수로를 만들게 하라."

양견이 보낸 30만 대군이 무너지는 것을 본 양광은 더 큰 규모의 침략을 계획했는데, 이를 위해서는 물자를 나르는 길이 필요했다. 그 길을 만들기 위해 낙양에서 탁군까지 수로를 만들게 했다. 고구려에 가까운 탁군을 고구려 침략 기지로 삼은 것이었다.

낙양에서 탁군에 이르는 수로는 규모가 엄청나서 이것을 만드는 공사는 중국 대륙에 수많은 나라가 생긴 이래 가장 큰 공사였다. 이 공사를 밀어붙였다는 것은 양광의 야심과 권력이 그만큼 컸다는 뜻이며, 양광이 고구려 침략을 얼마나 큰 일로 여겼는지를 보여 준다. 이 엄청난 공사에는 당연히 헤아리기 힘든 양의 물자와 노동력이 들어가니, 이는 백성에게 큰 고통을 안겨 주고 나라를 휘청거리게 할 만했다.

양광은 이런 일을 벌이면서 주변의 모든 나라에게 조공을 받으려 했다. 당시 북방에는 새롭게 일어난 돌궐이 있었는데, 양광은 돌궐을 위협해 조공을 약속받았다. 그리고 607년에는 직접 대군을 이끌고 돌궐을 찾아갔다. 돌궐에 겁을 주어 확실하

4. 양광 (569~618)
수나라의 2대 황제(재위 기간 604~618)로 아버지 양견을 죽이고 왕위에 올랐다. 무리하게 대운하를 세우고 고구려 침략 전쟁을 벌이다가 수나라를 멸망으로 이끌었다.

게 자신을 섬기게 하려는 것이었다.

이때 돌궐에는 고구려 사신도 와 있었다. 양광은 고구려 사신을 불러 말했다.

"그대의 나라에 짐을 섬기고 조공을 바치라고 일렀는데, 어찌 그대의 나라는 이를 따르지 않는 것인가?"

그러자 고구려 사신은 당당하게 양광을 쳐다보며 말했다.

"조공은 작은 나라가 큰 나라를 섬길 때 바치는 것인데, 고구려처럼 큰 나라가 누구에게 조공을 바친단 말입니까? 이는 고구려 역사에 한 번도 없었던 일이며 앞으로도 없을 일입니다."

"뭣이? 괘씸한 놈이로구나. 온 천하의 나라들이 짐과 짐의 나라를 섬기는데, 오직 고구려만 이를 따르지 않으니 짐이 반드시 응징할 것이니라."

화가 난 양광은 분에 못 이겨 씩씩거리면서 수나라로 돌아왔다. 그리고 마침내 612년 1월 전국에서 병력을 모아 고구려를 공격하라고 명령했다.

"천하의 도리를 어기고 오만방자하게 구는 고구려를 벌할 때다. 모든 군사를 탁군에 모아 고구려로 나아가라."

이것이 수나라의 제2차 침입이다. 양광은 고구려를 공격하기 위해 113만 3,800명의 군사를 출동시켰으니, 이는 동서고금 어디에서도 찾아보기 힘든 엄청난 규모였다. 이들 병력은 좌군과 우군으로 나뉘었으며, 좌군과 우군은 다시 각각 12군으로 나뉘었다. 이 병력은 한 부대씩 줄지어 출발하는 데만 40일이 걸렸고, 대열을 이끄는 깃발은 960리에 뻗쳤다.

양광은 좌군을 직접 이끌고 요수를 건너 평양으로 가려고 했다. 우군은 산동반도의 동래로 가서 배를 이용해 요동반도의 평양으로 가게 했다.

"요수를 건널 테니 부교(뗏목으로 만든 임시 다리)를 놓아라."

양광은 부교를 타고 강을 건널 생각이었다. 고구려 군은 부교를 놓는 수나라 병사들을 보고 서둘러 공격했다. 강을 건너지 못하게 하는 작전이었다.

"강폭이 좁은 곳을 찾아 부교를 놓도록 하라."

하지만 양광은 물러서지 않고 계속 부교를 놓게 했고, 결국 요수를 건넜다. 부교를 타고 수십만 군사가 몰려오자 고구려 군은 당황했고, 그 바람에 크게 져서 1만 명의 병력을 잃었다. 양광은 요동성으로 도망쳐 들어가는 고구려 군을 보면서 크게 웃으며 말했다.

"보아라. 어찌 고구려 따위가 나의 군사들을 막을 수 있겠느냐? 단숨에 요동성을 무찌르고 고구려 왕궁으로 달려가자."

하지만 요동성을 지키는 고구려 군은 강력하게 맞섰다. 수나라 군대는 수십만 병력으로 요동성을 완전히 에워싸고 공격했지만, 고구려 군과 승패를 주고받으며 시간만 계속 흘려보냈다. 몇 달이 지나 한여름이 될 때까지 요동성을 무너뜨리지 못하자 양광은 노발대발하며 장수들을 탓했다.

"어찌하여 요동성 하나를 무너뜨리지 못하느냐? 그러고도 너희가 짐의 장수라 할 수 있겠느냐?"

그리고 자신은 요동성에서 멀지 않은 육합성을 공격해 무너뜨리고자 했다. 그러나 이 역시 고구려 군의 철벽 방어에 막혀 이루어지지 않았다.

이 무렵 산동의 동래로 간 우군은 비로소 수십만 병사를 실은 배를 만들어 발해로 배를 띄웠다.

"발해를 건너 강을 타고 평양성으로 가자. 놈들의 심장부를 단숨에 쳐들어갈 것이다."

수나라 우군의 대장군 내호아는 함선을 지휘하며 바다를 건너 강으로 들어섰다. 그리하여 어느덧 평양성에서 60리 떨어진 곳에까지 이르렀다. 이를 발견한 고구려 군은 그들을 공격했지만 오히려 져서 물러나야 했다. 눈 깜짝할 사이에 평양 가까이까지 나아가며 고구려 군을 물리친 내호아는 승리의 기쁨에 겨워 들뜬 기분이 되었다.

"지난날 30만 대군을 무너뜨린 고구려도 내 앞에서는 꼼짝 못하는구나. 이제 조금만 더 가면 평양성을 점령할 수 있다. 그러면 나는 그 누구보다도 큰 공을 세우는 것이다."

그러면서 내호아는 강을 타고 더 깊숙한 곳까지 들어갔다. 하지만 이는 고구려의 전략이었다. 고구려 군은 수나라 수군을 안쪽으로 끌어들여 완전히 에워싸고 공격했다.

내호아는 고구려 군이 갑자기 포위해서 공격해 오자 크게 당황해 달아나기 시작했다. 하지만 곳곳에 숨어 있던 고구려 군의 공격을 받아 수많은 병사를 잃었다. 바다까지 빠져나와 또 다른 수군 대장군 주법상이 있는 곳에 이르러서야 숨을 돌릴 수 있었다. 고구려 군도 더 이상 뒤쫓지 않았다. 이때 내호아는

살수대첩 기록화

살수에서 수나라를 상대로 역사적인 승리를 거둔 고구려 사람들의 모습이다.

전쟁기념관 소장

자신이 이끌고 간 수만 명의 병사를 모두 잃은 뒤였다.

발해에서 고구려 군이 큰 승리를 거두고 있을 무렵, 육지에서는 을지문덕이 수나라 30만 병력과 맞서고 있었다. 그들은 요동성을 무너뜨리지 못하자 길을 돌아가서 평양성으로 갈 계획이었다.

영양왕은 이런 상황에서 을지문덕에게 물었다.

"우리 군사들이 성을 지키는 데 성공하고 있으나, 이 전쟁을 끝내려면 수나라 군을 무찔러야만 할 것이오. 장군에게 방법이 있소?"

을지문덕은 자신의 계획을 밝혔다.

"폐하, 수가 많은 적과 싸울 때는 속임수를 써야 합니다. 저들에게 거짓으로 항복해 함정에 빠뜨려 무찌를 것이니 이 작전을 허락해 주십시오."

을지문덕의 계획을 자세히 들은 영양왕은 고개를 끄덕이며 말했다.

"과연 그대는 명장이로다. 그대에게 이 전쟁의 승패가 달려 있으니 반드시 저들을 쳐부수기 바라오."

그리하여 을지문덕은 거짓으로 항복하기로 했다. 그는 수나라 군을 지휘하고 있던 우중문과 우문술을 직접 찾아가 말했다.

"이 전쟁은 우리가 이기지 못할 듯하니 항복하려 하오. 부디 내 뜻을 받아 주기 바라오."

우중문과 우문술은 갑자기 찾아와 항복하겠다고 말하는 을지문덕을 보고 어리둥절했다. 그들은 을지문덕을 어떻게 할지 의논했다.

"폐하께서 을지문덕이나 영양왕을 보면 무조건 죽이라고 하셨으니, 제 발로 찾아온 을지문덕을 죽이든지 아니면 감옥에 가두든지 해야 하지 않겠는가?"

그러자 수나라 조정 대신인 유사룡이 이를 말렸다.

"적국의 장수가 제 발로 찾아와 항복하는데, 이를 죽이면 세상 사람들의 손가락질을 받을 것입니다. 오히려 을지문덕을 놓아 주고 이를 널리 알리면 고구려 군의 사기는 땅에 떨어질 것입니다."

그들은 항복한 을지문덕을 그냥 돌려보내고 말았다. 하지만 을지문덕이 떠나자 우중문의 생각이 달라졌다.

"아니다. 을지문덕은 고구려의 명장이니 어떻게 해서라도 그를 죽여 없애는 것은 큰 이익이 될 것이다. 여봐라! 을지문덕을 뒤쫓도록 하라."

하지만 우문술이 이에 반대했다.

"안 됩니다. 지금 식량이 떨어져 우리는 돌아가야 합니다. 무리하게 뒤쫓다가 오히려 크게 화를 입을 수도 있습니다."

우문술의 말이 옳았지만 우중문은 공을 세워 양광에게 잘 보이고 싶은 마음에 그의 말을 듣지 않았다.

"제 발로 찾아와 항복한 장수와 그 병사들이 무슨 힘이 있겠는가? 쉽게 잡아 올 수 있을 테니 걱정하지 마라."

그들은 30만 대군을 이끌고 압록수(요하)를 건너 동쪽으로 내달렸다. 그 과정에서 일곱 번이나 고구려 군과 싸워 이기면서 우중문은 자신감에 불타올랐다.

하지만 이는 을지문덕의 전략이었다.

을지문덕은 수나라 군이 달려올 길목에 군사들을 차례차례 보내면서 이렇게 일러 주었다.

"우중문은 나를 놓아주고 크게 후회할 인물이니 곧 뒤를 따라올 것이다. 너희는 그들을 맞아 싸우는 척만 하다가 물러나라."

이를 알 턱이 없는 우중문과 우문술은 어느덧 살수를 건넜다. 그리고 평양성을 30리 앞에 두고 진을 쳤다. 이때 을지문덕은 우중문에게 사람을 보내 시를 한 편 전했다. 흔히 '수나라 장수 우중문에게 보내는 시'로 알려진 이 시의 내용은 다음과 같다.

신기한 책략은 천문을 통달했고
묘한 계략은 땅의 이치에 이르렀다.
전쟁에 이겨 이미 그 공이 높으니
만족함을 알고 돌아가는 것이 어떠리.

이 시를 보낸 뒤에 을지문덕은 다시 우문술에게 부하를 보내 거짓으로 항복하게 했다.

"저희 장군께서 말씀하시기를, 만약 군사를 거두어 돌아간다면 왕을 모시고 수나라에 예의를 갖추러 갈 것이라고 했습니다."

우문술은 이 말을 듣고 생각했다.

'여기까지 달려오느라 병사들은 몹시 지쳤다. 이대로 나아가 평양성에 이른다고 해도 평양성을 무너뜨리기는 쉽지 않을 것이

다. 을지문덕이 항복한다고 했으니 이만 돌아가는 것이 좋겠다.'
　우문술은 이런 생각으로 군사들과 함께 돌아가기 시작했다. 을지문덕은 이를 보면서 군사들에게 명령했다.
　"수나라 군은 매우 지쳐 있을 뿐만 아니라 전쟁을 계속할 뜻마저 잃었다. 저들은 살수를 건너서 돌아갈 것이니, 너희는 수나라 군이 절반쯤 건넜을 때 총공격하라."
　을지문덕의 전략은 정확했다. 살수를 건너다가 갑자기 고구려의 공격을 받은 수나라 군은 이에 맞서기는커녕 정신을 잃고 도망갈 길도 찾지 못했다.
　"활과 돌을 쏘아 도망갈 곳이 없게 하라."
　"살수에 몰아넣고 모조리 목을 베어라."
　"한 놈도 살려 두지 마라."
　수나라 군은 무섭게 공격하는 고구려 군에게 일방적으로 당했다. 이 싸움에서 우문술의 30만 대군은 겨우 2,700명만 살아남았다. 이로써 수나라의 선봉 부대는 완전히 무너졌다.
　이 소식을 들은 수나라 수군 대장군 내호아는 즉시 뒤로 물러났다. 또한 양광은 분통을 터뜨렸다.
　"어떻게 100만 명이 넘는 군사로 고구려의 성벽 하나를 무너뜨리지 못하고, 30만 명을 이끌고 앞장선 장수는 제대로 싸워 보지도 못하고 병사를 다 잃었단 말인가? 이는 도저히 용서할 수 없는 일이다. 죄인 우문술을 쇠사슬로 묶어서 데려가라. 내가 반드시 다시 와서 고구려를 무너뜨리고 말 것이다."
　이리하여 수나라의 제2차 침입은 막을 내렸다. 수나라의 100

만 대군이 고구려의 철벽 방어와 기막힌 심리전 앞에 무릎을 꿇고 만 것이다.

고구려 정벌에 실패하고 무너지는 수나라

수나라로 돌아간 양광은 고구려 정벌을 포기하지 않았다.

"다시 군사를 준비시켜라. 이번에야말로 반드시 고구려 왕궁을 점령하고 고구려 왕의 목을 벨 것이다."

양광은 613년 1월 탁군에 전 병력을 모아 2월에 고구려 공격을 선언했으며 4월에 요수를 건넜다. 이것이 수나라의 제3차 침입이다.

"장군 우문술은 지난번의 패배를 교훈 삼아 이번에는 반드시 고구려를 무너뜨리도록 하라. 군대는 좌군과 우군으로 나누어 좌군은 부여를 지나 신성을 공격하고, 우군은 요동성을 공격하라."

양광은 우문술에게 다시 한 번 기회를 주었다. 우문술은 우군을 이끌고 요동성 공격에 나섰으며, 좌군은 우문술의 부하인 왕인공이 이끌고 신성을 공격했다. 신성과 요동성 가운데 하나만 무너져도 수나라 군은 고구려의 평양성으로 물밀듯이 쳐들어갈 수 있었다.

하지만 요동성과 신성은 쉽게 무너지지 않았다.

이를 보다 못한 양광이 말했다.

"어찌해서 요동성 하나를 넘지 못한단 말이냐. 아예 요동성 앞에 요동성보다 높은 흙성을 쌓아 공격하도록 하라. 또한 성벽보다 높은 수레를 만들어 성안의 고구려 놈들을 화살로 쏘아 죽여라."

양광의 명령대로 수나라 군은 100만 개의 흙 포대를 쌓아 요동성보다 높은 성을 만들었다. 또한 요동성보다 높은 수레에 바퀴를 여덟 개 달아 움직이면서 그 위에서 활을 쏘아 공격했다.

하지만 이 방법으로도 요동성은 무너지지 않았다. 그래도 고구려 군에게 두려움을 안겨 주는 효과는 있었다.

"고구려 놈들이 우리의 전술에 겁을 먹고 있으니 계속 흙벽을 쌓아 높은 곳에서 공격하라. 고구려 놈들이 언제까지 버티

제26대 영양왕 가계도

- 제25대 평원왕
- 제1왕후 성씨불명
- 제26대 영양왕 (장남)
- 왕후 성씨불명
- 환권

나 보자."

그런데 이때 양광은 생각지도 못한 소식을 들어야 했다.

"폐하, 예부상서 양현감이 반란을 일으켰다고 합니다."

"뭣이? 내가 고구려를 정벌하느라 도성을 너무 오래 비운 틈을 타고 반란을 일으킨 게로구나. 양현감 이놈을 살려 두지 않으리라."

양광은 갑작스런 반란 소식에 어쩔 수 없이 고구려 공격을 포기하고 돌아가야 했다. 하지만 반란을 잠재우고는 곧 고구려를 다시 공격하기 시작했다.

614년 7월에 양광은 내호아를 선봉장으로 내세워 다시 고구려를 쳐들어가니 이것이 수나라의 제4차 침입이다. 내호아는 고구려의 비사성을 공격했고, 이에 맞서는 고구려 군과 싸워 크게 이겼다.

"내가 한달음에 평양성까지 달려가서 고구려 왕궁을 점령하리라."

이 소식을 들은 영양왕은 조정 신하들을 불러 모아 말했다.

"이번 싸움에는 우리 군사들이 졌다. 수나라 장수 내호아는 당장에라도 평양성으로 달려올 기세이니, 여기에 정면으로 맞서면 괜히 많은 군사를 잃을 것이다. 하지만 지금 수나라는 전쟁을 계속할 처지가 못 된다. 나라 곳곳에서 반란이 일어나고 있는데 무슨 정신이 있겠는가? 이러한 때 수나라에 사신을 보내 화친을 제의하면 반드시 받아들일 것이다."

영양왕은 수나라에 사신을 보내 화친을 하자고 했다. 당시 수나라 곳곳에서 반란이 일어나고 군사들이 매우 지쳐 있었기 때문에 양광은 전쟁을 계속할 수 없었다. 결국 양광이 화친을 받아들이니, 수나라의 제4차 침입은 여기에서 끝났다.

수나라는 네 번에 걸쳐 나라의 모든 병력을 쏟아 부어 고구려를 공격했으나 실패했다. 이 때문에 경제가 무너지고 백성들의 불만이 드높았다. 그러자 곳곳에서 농민 봉기가 일어나고 여기에 수나라 귀족도 끼어들었다. 결국 618년에 일어난 반란으로 수나라 왕조가 몰락했는데, 이는 고구려 정벌에 실패했기 때문이라고 해도 지나친 말이 아니다.

고구려사 깊이 읽기

고구려 왕릉은 어떤 모습이었을까?

중국 길림성 집안시의 왕릉

　중국 길림성 집안시에는 고구려 무덤이 많습니다. 그 가운데에서 왕릉으로 여겨지는 거대한 무덤이 있는데, 태왕릉, 장군총, 천추총, 사신총, 무용총 등이 대표적입니다.

　태왕릉은 중국 길림성 집안시 여산의 남록에 있는 무덤입니다. 언뜻 보면 거대한 돌무더기처럼 보이지만 무덤의 기초가 되는 돌은 그대로 남아 있어 무덤 크기를 짐작할 수 있지요.

　태왕릉은 둘레가 250미터가 넘는 데다 원래 모양은 장군총처럼 네모로 깎은 돌을 쌓아 올렸을 것으로 짐작되며, 피라미드형을 이루고 있지요.

　이 무덤 꼭대기에서 고구려 기와와 '원태왕릉안여산고여구' 라는 글자가 새겨진 돌이 발견되었기 때문에 '태왕릉' 이라고 부르게 되었습니다. 이 글자를 풀이하면 '태왕릉이 여산의 고여 언덕에 안전하게 모셔져 있기를 바랍니다.' 라는 내용입니다.

　태왕릉에서 500미터 떨어진 곳에서 광개토왕릉비가 발견되었기 때문에 학자들은 태왕릉이 광개토왕의 무덤으로 추측하지만 확실하지는 않습니다.

　장군총은 길림성 집안시 통구의 용산에 있는데, 태왕릉과 달리 원형이 거의 완벽하게 보존되어 있습니다. 피라미드처럼 사각뿔 형태이며 7층으로 이루어져 있어요. 높이는 12.4미터, 면적은 960제곱미터이고 한 변의 길이는 31.5미터, 둘레는 126미터입니다.

북한과 중국 학자들은 태왕릉을 광개토왕 무덤, 장군총을 장수왕 무덤으로 생각하고 있습니다. 하지만 일본 학자들 가운데에는 장군총을 광개토왕의 무덤으로 보는 사람도 있지요.

천추총도 태왕릉 크기의 무덤으로, 장군총이나 태왕릉처럼 돌로 쌓아 만들었습니다. 묘 주변에서 '천추만세영고'라는 글자가 새겨진 돌이 발견되었는데, 그 이름을 따서 천추총이라고 했어요. 이 글자를 풀이하면 '천년만년 영원히 무너지지 않으리.'라는 뜻이지요.

이 무덤은 비록 천추총이라고 부르지만, 공식 이름은 마선구 100호묘입니다. 다시 말해 마선구 지역에서 발견된 100번째 묘라는 뜻이지요.

사신총은 무덤 속에 사신도가 그려져 있기 때문에 붙여진 이름입니다. 원래 장군총이나 태왕릉, 천추총에는 벽화가 없는데 사신총에만 벽화가 그려져 있는 것이 특징이지요.

사신(四神)이란 동서남북을 지키는 신을 가리키는데 동쪽에는 청룡, 서쪽에는 백호, 남쪽에는 주작, 북쪽에는 현무가 그려집니다. 청룡이란 말 그대로 푸른 용을 말하고, 백호는 흰 호랑이, 주작은 붉은 깃털을 가진 공작, 현무는 검은 거북을 뜻하지요.

사신총에는 사신도 외에도 일반 사람들이 살아가는 모습을 그린 벽화도 그려져 있습니다.

무용총 가무도

무용총에 그려진 남녀가 흥겹게 춤추는 모습을 통해 고구려 사람들의 멋스런 풍류를 엿볼 수 있다.

중국 길림성 집안시

　　무용총도 집안시의 여산에 있는 무덤인데, 무덤 안에 남녀 열네 명이 춤추는 모습을 그린 벽화가 있어 무용총이라는 이름이 붙었습니다. 하지만 이 무덤에는 춤을 추는 여자뿐만 아니라 손님을 접대하는 그림과 사냥하는 그림도 있습니다. 또 해, 달, 별, 청룡, 백호, 신선, 기린 등의 그림도 함께 그려져 있지요.

대동강 유역의 고구려 무덤

　북한에도 대동강을 중심으로 수많은 고구려 무덤이 있습니다. 이 가운데에서 가장 화려하고 웅장한 무덤은 강서삼묘와 안악고분군이지요.
　강서삼묘란 평안남도 강서군 강서면 삼묘리에 있는 고구려 무덤 3기를 가리키는 말인데, 규모에 따라 강서대묘, 강서중묘, 강서소묘로 나누어집니다.
　강서대묘는 삼묘 가운데에서 가장 규모가 큰 무덤입니다. 이 무덤은 흙으로 덮여 있으며, 둥글게 만들어져 있지요. 지름은 51.6미터, 높이는 8.86미터입니다. 이 무덤 안에도 사신총처럼 사신도가 그려져 있는데, 매우 뛰어나고 화려합니다.
　무덤이 만들어진 시기는 6세기 말에서 7세기 초이므로, 고구려 말기 것으로 볼 수 있습니다.
　강서중묘는 세 무덤 가운데 중간 크기이고, 여기에도 사신도가 그려져 있습니다. 그림은 매우 화려하고 모양도 특이합니다. 사신도 외에도 봉황과 해, 달을 그린 그림이 있고, 연꽃무늬와 인동무늬도 볼 수 있지요.
　강서소묘는 지름이 약 40.9미터이고 높이도 6.81미터로 세 무덤 가운데 가장 작습니다. 이 무덤은 대묘나 중묘와는 달리 벽화가 없는 것이 특징이고, 세 무덤 가운데 가장 늦게 만들어진 것으로 여겨지고 있습니다.
　안악고분군은 대동강 남쪽의 황해도 안악군에 있는 고분들을

사신도

강서대묘에 그려져 있는 사신도다. 상상력과 뛰어난 기법이 어우러진 걸작으로 손꼽힌다.

평안남도 남포시

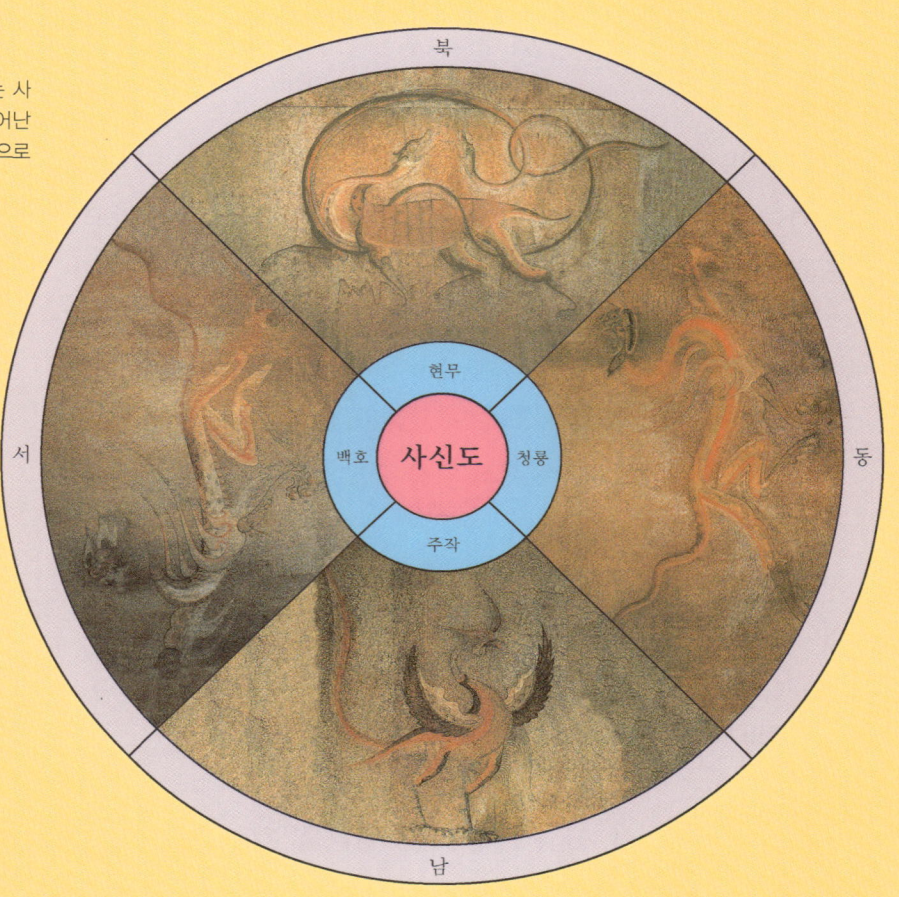

가리키는 것으로 1호분, 2호분, 3호분이 가장 유명합니다.

안악1호분에도 벽화가 그려져 있는데, 대부분 일상생활을 소재로 다루고 있습니다. 사냥하는 모습을 그려 놓은 수렵도, 집의 풍경, 7명의 여자가 서 있는 모습, 붉은 깃발을 들고 행진하는 의장 행렬 등의 그림이 있습니다. 그 밖에도 연꽃,

불꽃, 두겹고사리, 구름, 톱날, 바퀴 등으로 만든 화려한 무늬도 있습니다.

안악2호분에도 화려한 그림이 새겨져 있는데, 너무 많이 손상되어 자세한 내용을 알기 힘듭니다. 다만 흐릿하게 무인들이 줄지어 가는 모습이나 하늘을 날아오르는 여자, 집을 지키는 문지기 등을 볼 수 있지요.

안악3호분은 흔히 '동수묘'라고 부릅니다. 이 무덤 안에 새겨져 있던 그림과 글자를 통해 이것이 동수라는 사람의 무덤이라는 사실을 알아냈습니다.

동수는 원래 중국의 동진 사람인데, 미천왕 시절인 326년에 고구려로 망명한 사람입니다. 그리고 357년에 세상을 떠나 이곳에 묻혔습니다. 이곳에는 동수와 그의 아내 그리고 군인들이 적과 싸우러 나아가는 모습을 그린 벽화가 있지요.

이 여섯 기의 무덤 가운데에서 강서대묘와 강서중묘는 왕의 무덤인 듯하고, 나머지 무덤은 일반 귀족이나 왕족의 무덤으로 여겨집니다. 대부분 왕의 무덤에는 사신도가 그려져 있고, 일반 사람들의 무덤에는 일상생활 모습이 그려져 있기 때문이지요.

제27대 영류왕실록

당나라에 무릎 꿇은 영류왕

당나라에 고개 숙이는 영류왕

영류왕[1]은 영양왕의 동생이다. 영양왕에게 아들이 없어 그가 618년 9월 고구려 제27대 왕에 올랐다.

영류왕이 즉위하기 6개월 전인 618년 3월에 중국에서는 수 왕조가 무너지고 반란을 일으킨 귀족들이 여러 나라를 세워 다투고 있었다. 그 가운데에서도 이연[2]이 일으킨 당나라[3]가 가장 강했다. 이연은 스스로 당나라 왕에 올라 고구려에 화친을 제의했다.

이 제의를 받고 영류왕은 신하들과 함께 의논했다.

"당나라에서 화친을 하자고 하는데, 어찌했으면 좋겠는가?"

신하들이 대답했다.

영류왕시대의 세계 약사

중국에서는 618년 이연이 당나라를 세웠다. 이연은 624년 대부분의 수나라 땅을 손아귀에 넣었다. 하지만 626년 아들 이세민(태종)에 의해 왕위에서 밀려났다. 이세민은 중국을 통일해 고구려, 돌궐, 백제, 신라, 왜 등을 위협했다. 서양에서는 페르시아가 사라센에 의해 무너지고, 프랑크 제국은 또다시 세 개로 나누어졌다. 마호메트는 이슬람 세력을 넓히다가 궁지에 몰리자 622년에 주무대를 메카에서 메디나로 옮겨 갔다. 그는 제자들과 함께 사라센국을 만들어 아라비아를 통일했다.

"일단 화친을 받아들여 사태를 지켜보아야 합니다."

그러면서도 몇몇 신하들은 이렇게 말했다.

"당나라에서 화친을 제의한 것은 대륙을 통일할 시간을 벌기 위해서입니다. 만약 당나라가 대륙을 통일하면 반드시 우리를 치려 할 것이니, 이 기회에 오히려 우리가 대륙으로 영토를 넓히는 것이 좋을 듯합니다."

하지만 영류왕의 생각은 달랐다.

"그것은 위험한 일이다. 우리나라는 수나라와의 오랜 전쟁으로 많은 피해를 입었다. 또다시 대륙으로 나아가 여러 나라들과 전쟁을 하는 것은 무모한 일이다. 더구나 남쪽에서 신라와 백제가 호시탐탐 쳐들어올 기회를 노리고 있는데, 어찌 위험을 스스로 불러들이겠는가? 당나라와 화친해 안정을 이루어야 할 것이다."

당시 고구려에는 영류왕의 주장을 따르는 신하들이 많았다. 그들은 당나라와 다투지 않으려는 영류왕의 주장을 지지했다.

"수나라가 우리나라를 정벌하려다 망했기 때문에 앞으로는 함부로 우리를 넘보는 세력이 없을 것입니다. 당나라와는 화친을 맺을 뿐만 아니라 지난 수나라와의 전쟁에서 우리가 잡은 포로를 수나라에 잡혀간 고구려 병사들과 맞바꾸면 서로 좋을 것입니다."

그리하여 622년에는 수나라의 침략 전쟁에서 생긴 양쪽의 포로를 맞바꾸었다. 영류왕은 한발 더 나아가 당나라 문화도 받아들였다.

---

1. 영류왕 (?~642)

고구려 제27대 왕(재위 기간 618~642)이다. 평원왕의 아들이자 영양왕의 이복동생이며 이름은 성이다. 수나라가 무너지고 당나라가 들어서자 친당 정책을 펴다가 연개소문에 의해 죽음을 당했다.

2. 이연 (565~635)

당나라의 초대 황제(재위 기간 618~626)다. 수나라 태원의 유수로 있다가 반란을 일으켜 618년에 당나라를 세웠다.

3. 당나라

618년에 수나라의 귀족 이연이 세운 나라다. 907년에 멸망할 때까지 중국 대륙을 지배하며 한족 왕조의 최전성기를 이루었다.

4. 이세민 (598~649)
당나라 제2대 황제(재위 기간 626~649)로 아버지 이연을 도와 수나라를 무너뜨리고 대륙을 통일하는 데 큰 역할을 했다. 주변 나라들을 무찌르고 고구려를 쳐들어왔으나 지고 말았다.

"요즘 당나라에서 유행하고 있는 도교를 받아들이도록 하라."

624년 2월에는 고구려에 도교가 들어왔고, 이듬해에는 불경과 노자의 교리가 들어왔다.

이 무렵 당나라에서는 중요한 변화가 일어났다. 당 고조 이연에게는 아들이 여러 명 있었는데, 그 가운데 가장 많은 공을 세운 사람은 둘째 아들인 이세민[4](태종)이었다.

그러나 이연은 맏아들 이건성을 태자로 세웠다. 그러자 이세민은 불만을 품고 자신을 태자로 삼아 달라고 주장했지만, 이연은 오히려 세민으로부터 건성을 보호하려고 했다.

'이 나라를 세우고 대륙을 통일하는 데 공을 세운 것은 나인데, 어찌해서 내가 왕이 되지 못하는가? 칼을 들고서라도 왕이 되고야 말 것이다.'

이세민은 이런 생각으로 626년에 부하를 시켜 태자 건성을 죽여 버렸다. 그리고 이연을 협박해 왕이 되었다.

왕이 된 이세민은 곧 대륙을 통일하기 위한 전쟁을 계속하는 한편, 주변 나라들에 압력을 주어 자신을 섬기게 했다.

영류왕은 이세민이 왕이 되자 신하들과 의논했다.

"이번에 당나라의 왕이 바뀌었는데, 그는 어떤 사람인가?"

그러자 신하들이 대답했다.

"형을 죽이고 왕이 된 자이니 분명히 야심이 클 것입니다. 이제까지 당나라와 화친해 별문제 없이 지내 왔으나 앞으로는 그들의 침략에 대비해야 할 것입니다."

하지만 이를 반대하는 신하들이 더 많았다.

"이세민이 야심이 많은 인물이지만 지금은 대륙을 통일하는 일에만 관심이 있습니다. 괜히 당나라와 다툴 것이 아니라 화친을 더 강화해야 할 것입니다."

이렇게 신하들의 의견이 분분한 가운데 영류왕은 당나라를 어떻게 대해야 할지 결정해야 하는 문제에 부딪쳤다. 당나라와 외교를 맺고 있던 신라와 백제가 당나라에 사신을 보내 이렇게 말한 것이다.

"예의를 갖추기 위해 당나라를 방문하고자 하나 고구려가 가로막고 있어 갈 수가 없습니다."

이세민은 이 말을 듣고 고구려에 사신을 보내 말했다.

"신라, 백제는 짐의 나라와 화친을 맺었으니 고구려도 이 나라들과 화친을 맺으라."

영류왕은 이세민의 요구를 받아들이겠다고 답했으니, 이는 고구려가 당나라에 고개를 숙이는 출발점이 되었다.

당 태종 이세민의 야심

이세민은 628년 자신에게 맞서던 세력을 완전히 누르고 대륙을 통일하는 데 성공했다. 마지막까지 당나라에 저항하던 양사도 세력은 돌궐에 의지했는데, 양사도는 부하에게 죽음을 당하고 서돌궐은 당나라에 항복했다.

이렇게 되자 당나라는 주변의 모든 나라들에게 당나라를 섬

5. 진평왕 (?~632)
신라 제26대 왕(재위 기간 579~632)으로 수나라 및 당나라와 외교를 맺고 고구려를 공격했다.

기게 압박했다. 그리하여 고구려는 당나라의 침략을 걱정하게 되었는데, 신라는 오히려 이를 이용하려 했다.

"당나라는 어차피 우리와 멀리 떨어져 있으니 우리를 쳐들어올 위험은 없습니다. 당나라가 대륙을 통일했으니 곧 침략할 나라는 고구려일 것입니다. 이때 우리는 고구려를 공격해 땅을 빼앗을 수 있을 것입니다."

신라 진평왕[5]은 김유신의 말을 듣고 고개를 끄덕이며 명령했다.

"장군의 말이 옳소. 고구려의 낭비성을 공격해 빼앗도록 하시오."

629년 신라는 고구려를 쳐들어가 낭비성을 무너뜨렸다. 고구려는 몇 번에 걸쳐 반격했지만 당나라의 침입이 걱정되어 적극적으로 나설 수 없었다.

고구려는 요동에 군사를 모으고 부여성에서 발해에 이르는 장성을 쌓아 당나라의 침략에 대비하고 있었다. 장성 쌓는 일에 앞장선 사람은 연태조였는데, 그가 성을 쌓는 중에 세상을 떠나자 그의 아들 연개소문이 이 일을 이어받아 계속했다.

이런 가운데 고구려는 638년 10월 군사를 동원해 신라의 북쪽 요새인 칠중성을 공격했다. 하지만 한 달 동안 싸움을 벌인 끝에 신라 장군 알천에게 지고 말았다.

이렇게 고구려가 신라와 치열하게 다투고 있을 때, 당나라는 동돌궐을 멸망시키고 두려울 것이 없는 강한 나라가 되었다. 그러자 이세민은 고구려에 사신을 보내 요구했다.

"짐의 나라에 그대의 태자를 보내 입조(예의를 갖춰 방문함)시키도록 하라."

태자를 입조시키는 것은 곧 그 나라를 떠받들어 섬긴다는 뜻이었다. 이 때문에 고구려 조정 대신들은 의견이 분분했다.

"당나라가 오만하게도 우리를 업신여기는 것입니다. 절대로 태자를 입조시켜서는 안 됩니다. 고구려가 생긴 이래 우리는 누구에게도 고개를 숙인 적이 없습니다."

이에 반대하는 의견도 많았다.

"태자를 보내야 합니다. 당나라는 지금 대륙을 통일해 어느 나라보다 강해졌으니 당나라와 친하게 지내면서 평화를 이루어야 합니다."

신하들이 둘로 나뉘어 팽팽하게 다투자 영류왕은 결국 당나라에 고개를 숙이는 선택을 했다.

"지금 당나라의 비위를 거스르는 것은 어리석은 일이다. 태자 환권을 당나라에 보내 당나라의 국학에 입학시킬 것이니, 모두들 그리 알라."

고구려의 태자가 입조하자 이세민은 매우 만족했다.

"수나라의 100만 대군도 어찌하지 못한 고구려가 내게 고개를 숙이게 된 것이 아니냐? 이제 천하에서 나에게 맞설 자는 하나도 없도다."

그리고 그는 진대덕을 불러 조용히 말했다.

"고구려가 태자를 보냈으니 우리도 답을 하는 뜻으로 사신을 보내야 한다. 너는 고구려에 사신으로 가서 고구려 지리를 익히고 고구려 성을 둘러보도록 해라. 기회를 보아 나는 고구려를 반드시 정복할 것이다."

고구려에서는 진대덕이 방문하겠다는 편지가 전해지자 다시 한 번 조정이 시끄러워졌다.

"진대덕은 병법에 뛰어나며 지리에 밝은 인물입니다. 그는 고구려에 들어와 지리를 익히고 쳐들어올 방법을 찾을 것입니다. 절대로 그를 고구려에 들이게 해서는 안 됩니다."

하지만 영류왕은 이런 의견에 귀를 기울이지 않았다.

"지금 우리는 당나라와 화친을 맺고 태자를 당나라의 국학에 입학시키려 하는데, 지나친 걱정을 하는 것이 아닌가? 당나라

는 우리를 넘볼 생각이 없는 듯하니 진대덕을 환영해 주도록 하라."

영류왕은 진대덕의 방문을 받아들였을 뿐만 아니라 그가 고구려의 여러 성을 구경하고 싶다고 하자 친절하게 허락해 주었다. 이에 따라 진대덕은 요수에서 평양에 이르는 길목을 샅샅이 살피고 고구려 각 성에 배치된 군사력까지 모두 파악했다.

그는 당나라에 돌아가 이세민에게 말했다.

"폐하, 제가 고구려에 가서 평양에 이르는 길을 모두 익혔고 고구려의 군사력도 파악하고 왔습니다. 이제 고구려를 치면 반드시 이길 것입니다."

그러자 이세민은 기쁘게 웃으면서 말했다.

"잘했다. 수나라 100만 대군을 막아 낸 고구려를 정벌하면 온 세상이 나를 우러러볼 것이다. 이제 기회가 오기만 기다리면 된다."

영류왕의 생각과는 달리 당 태종 이세민은 이런 야심을 키우고 있었다. 그는 수나라를 물리친 고구려를 가볍게 여기지 않고 차근차근 침략 전쟁을 준비하고 있었던 것이다.

연개소문의 반란

진대덕이 다녀간 뒤 고구려 조정에서는 몇몇 신하들이 불만의 목소리를 내기 시작했다.

"한낱 수나라의 귀족이었던 이세민에게 태자를 입조시켰으니 나라의 체면이 말이 아니지 않은가? 수나라 100만 대군도 물리친 우리가 오직 두려움 때문에 이세민 앞에 고개를 숙여야 하는가?"

"동명성왕께서 나라를 세우신 이래로 이런 수모를 겪은 적이 있는가? 적국의 장수에게 나라의 지리를 다 보여 주었으니 이런 어리석은 경우가 또 있겠는가?"

하지만 이는 일부의 목소리일 뿐이었다. 다른 신하들과 영류왕은 이들의 말을 무시했다.

"저들은 전쟁을 하고 싶어 안달이 난 무리가 아닌가? 이웃 나라의 사신을 대접한 것이 어찌 나라의 수치가 될 수 있는가?"

"당나라는 한 번도 우리를 넘본 적이 없는데, 괜히 그들과 다투어야 할 이유가 어디에 있는가?"

급기야 당나라 침략에 대비해 장성 짓는 일을 그만두자는 의견까지 나왔다.

"처음에 전쟁밖에 생각하지 않던 연태조가 짓던 장성이니 이런 평화로운 때에는 그만두는 것이 좋을 듯합니다."

"계속 장성을 지으면 당나라가 우리를 의심할 것입니다."

신하들이 이렇게 말하자 영류왕은 이들의 말을 따르려 했다.

하지만 이에 크게 반발하는 사람이 있었으니, 바로 연개소문이었다.

"10년이 넘도록 장성을 지어 왔는데, 이제 와서 그만두라니! 이것은 나라를 통째로 이세민에게 갖다 바치려는 것이 아닌가? 내가 반드시 장성을 완성하고 건방진 이세민을 막아 내리라."

천리장성

고구려 천리장성의 일부인 박작성으로 추정된다. 중국은 호산장성이라는 이름을 붙이고, 만리장성의 일부라고 주장하고 있다.

중국 단동시

　연개소문은 본래 과감하고 대찬 사람이었다. 한번은 그가 조정을 직접 찾아가 뒤집어 놓은 적도 있었다.

　연개소문의 아버지 연태조는 당나라에 맞서자고 주장하던 사람이었는데, 그가 세상을 떠나자 당나라와 화친하려던 신하들이 연개소문을 밀어내려고 했다.

　"연개소문은 용맹하고 배짱이 두둑한 자이니 당나라와의 화친에 방해가 될 인물입니다. 연태조가 죽은 지금 그를 밀어내야 합니다."

　"그렇습니다. 그자는 분명 우리의 말도 업신여길 것입니다. 더 크기 전에 싹을 잘라야 합니다."

　이렇게 의논한 신하들은 연개소문이 연태조의 뒤를 이어 서부대인이라는 귀족 자리에 앉지 못하게 하려 했다. 이때 연개소문은 궁궐로 직접 찾아가 조정 대신들이 모두 있는 자리에서 왕에게 말했다.

"폐하, 제 아버지께서 장성을 지은 것은 오직 나라를 위한 것입니다. 저 또한 아버지의 뜻을 이어받아 아무런 욕심도 부리지 않고 변방에서 나라를 지키는 데만 힘쓸 것입니다. 그러니 신하를 아끼시는 마음으로 제가 아버지의 뒤를 잇게 해 주시옵소서."

영류왕과 조정 신하들은 이처럼 대담하게 자신의 주장을 펼치는 연개소문의 말을 들어주지 않을 수 없었다.

영류왕과 조정 신하들이 장성 짓는 일을 그만두게 하자 연개소문은 이미 보여 주었던 배짱으로 이를 따르지 않았다. 그러자 조정 신하들은 연개소문을 죽이려고 했다.

자신을 죽이려 한다는 소식을 들은 연개소문은 굳은 표정으로 다짐했다.

"나라에 나약한 기운이 들어 적국을 섬기는 신하들이 궁궐을 차지하고 있으니, 이는 나라의 운명을 망칠 조짐이다. 이세민 앞에 간과 쓸개를 갖다 바치며 이 나라를 쳐들어올 길을 열어 주는 지금의 조정과 왕실을 내 손으로 쓸어 버리리라."

연개소문은 642년 10월 잔치를 마련해 조정 대신들을 초대했다.

대신들이 모이자 연개소문이 입을 열었다.

"조정 대신들께서 변방의 이곳까지 와 주셨으니 우리 군사들이 인사를 올리도록 하겠습니다."

조정 대신들은 느긋한 마음으로 자신들 앞에 군사들이 줄지어 모이는 것을 구경했다. 연개소문은 군사들이 다 모이자 벼락같이 소리쳤다.

"고구려의 혼을 팔아먹는 이자들을 살려 둘 수 없다. 여봐라, 간신배들의 목을 쳐라!"

이 말 한마디에 조정 대신들의 목이 모두 달아났다. 곧이어 연개소문은 군사들을 이끌고 궁궐로 달려갔다.

"이 나라를 이세민에게 바치려는 왕은 이미 왕이 아니다. 왕을 잡아 목을 베어라!"

영류왕은 이에 대응할 여유도 없었다. 고구려 조정 대신들과

고구려사 이야기

제27대 영류왕 가계도

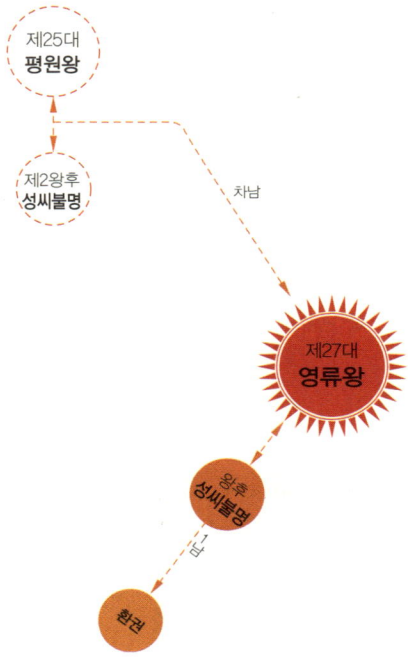

영류왕은 순식간에 저세상 사람이 되었다. 이로써 고구려는 연개소문의 손안에 고스란히 들어가게 되었다.

이 소식을 들은 당 태종 이세민이 말했다.

"고구려의 왕이 몹쓸 신하의 칼에 죽었다고 하니 애도 의식을 열도록 하라."

그러면서 이세민은 이런 생각을 했다.

'연개소문을 벌한다는 명분으로 고구려를 치면 되겠구나. 드디어 때가 다가오고 있도다.'

바야흐로 최강의 당나라 군사를 이끄는 이세민은 침략 전쟁의 기지개를 펴게 되었다.

제28대 보장왕실록

고구려의 마지막 왕 보장왕

보장왕시대의 세계 약사

중국에서는 당태종 이세민이 돌궐을 복속하고 거란 및 주변 국가들을 압박해 세력을 더욱 넓혔다. 하지만 고구려 정벌 전쟁에 실패하고 세상을 떠났다. 그를 이은 고종 이치가 668년에 고구려 평양성을 무너뜨렸다.
서양에서는 사라센이 사산 페르시아 왕조를 멸망시키고, 647년에 동로마를 공격해 트리폴리를 점령했다. 사라센 왕조는 656년에 두 세력으로 갈라졌다가 661년에 다시 통합되어 인도의 일부 지역을 점령하고 시칠리아를 공격했다. 한편 동로마는 사라센과 화친을 맺었다.

모든 권력을 쥐고 당나라에 맞선 연개소문

연개소문은 영류왕을 죽이고 642년 10월에 평원왕의 손자인 장을 왕위에 앉혔으니, 그가 고구려 제28대 보장왕이다.

연개소문은 보장왕이 즉위하자 왕 앞에 나아가 말했다.

"폐하, 지금은 당나라가 고구려를 넘보는 위급한 때입니다. 제가 폐하 곁에서 폐하와 나라 지키는 일에 목숨을 바치고자 하니, 이를 허락해 주십시오."

연개소문은 이렇게 말하면서 스스로 대막리지 벼슬에 오르려고 했다. 대막리지는 이전에는 없던 벼슬로 조정과 군사권을 한 손에 쥐고 나랏일을 좌지우지하는 자리였다. 신하의 권력이 이토록 강해지면 왕은 허수아비나 다를 바 없게 되는 것이었다.

하지만 보장왕은 처음부터 연개소문에 의해 왕이 되었기 때문에 이를 거스를 힘이 전혀 없었다. 연개소문에게 죽음을 당하지 않으면 다행이었다.

연개소문이 대막리지 자리에 오르자 고구려는 연개소문의 일인 독재 체제가 되었다. 모두 연개소문을 두려워해서 이에 대해 누구도 감히 반대하지 못했다.

그런데 오직 한 사람, 안시성의 성주가 호통치면서 연개소문을 비난했다.

"신하가 어찌 감히 왕을 죽이고 권력을 쥔단 말인가? 이는 우리 역사에 한 번도 없는 일이거니와 백성과 나라를 위한 일이라고 볼 수 없다. 나는 연개소문을 용서할 수 없다."

안시성 성주는 연개소문을 당장이라도 공격할 기세였다. 다만 자신이 성을 비우면 국경이 위태로워지기 때문에 군사를 움직이지 않았다.

안시성 성주가 자신을 비난하자 연개소문은 화가 나서 소리쳤다.

"내가 나라를 위해 군사를 일으킨 것이거늘 어찌 고구려의 장수가 이를 거스른단 말이냐? 여봐라, 당장 안시성 성주를 잡아 오너라."

그리하여 연개소문이 보낸 군대가 안시성을 공격하게 되었다. 하지만 안시성 성주는 지략이 뛰어난 최고 장수였다. 연개소문의 군대는 몇 차례에 걸쳐 공격했지만 안시성을 무너뜨리지 못했다.

1. 보장왕 (?~682)

고구려 제28대 왕(재위 기간 642~668)으로 평원왕의 셋째 아들인 대양왕의 맏아들이며 이름은 장이다. 연개소문에 의해 왕위에 올라 허수아비 왕으로 지내다가 연개소문이 죽은 뒤 당나라에 항복해 고구려의 마지막 왕이 되었다.

이렇게 되자 연개소문은 생각을 바꾸었다.

'안시성을 무너뜨리는 것은 어렵겠구나. 성주가 이토록 뛰어난 장수인 줄 예전엔 미처 몰랐구나. 다행히 그가 성에서 군사를 데리고 나와 나를 공격하지 않을 것 같으니 그대로 안시성 성주로 놔두어야겠다. 괜히 싸움을 심하게 벌이면 당나라에게만 유리해질 뿐이다.'

한편 당 태종 이세민은 연개소문이 영류왕을 죽인 사건을 두고 고구려 침략의 명분으로 삼으려 했다. 그동안 신하들이 고구려 침략을 강하게 반대하는 통에 뜻을 이루지 못했던 이세민은 이 사건을 들이대며 신하들을 설득했다.

"과인은 왕을 죽이고 나라를 손에 쥔 연개소문을 용서할 수 없다. 고구려를 정벌해 연개소문을 벌하고 천하의 도리를 세우고자 하노라."

그러자 신하들이 반대하고 나섰다.

"폐하, 안 됩니다. 그렇게도 강했던 수나라가 왜 멸망했습니까? 무리하게 고구려를 정벌하려다 실패해 나라를 망치고 백성들로부터 버림받았던 것이 아닙니까? 고구려를 정벌하는 일은 매우 위험합니다."

"그렇습니다. 지금 고구려와 또 전쟁을 벌이면 백성들이 수나라 시절을 떠올려 강하게 반발할 것입니다. 나라를 안정시키려면 백성의 마음을 얻어야 합니다. 고구려 정벌은 다시 생각해 주십시오."

그러자 이세민은 단호하게 말했다.

"경들의 걱정은 잘 알겠다. 하지만 과인은 결코 무리한 전쟁을 벌이지 않는다. 신중하고 철저히 준비해 반드시 이기는 싸움을 할 것이다. 과인은 수나라 때처럼 전쟁을 길게 끌지 않을 것이고 어리석은 패배를 하지도 않을 것이다."

그리고 이어서 말했다.

"이번 전쟁은 천하의 도리를 바로잡는 전쟁이다. 왕을 죽인 신하를 그대로 내버려 두면 천하의 도리를 어떻게 세울 수 있겠는가? 더구나 연개소문은 과인에게 맞서 전쟁을 벌이려는 자인데, 그대들은 이것을 그냥 보고만 있을 것인가? 연개소문을 벌하지 않으면 이제까지 우리를 섬겨 온 모든 나라들이 비웃을 것이다. 그러면 천하의 도리가 무너지고 이 나라에 맞서는 무리가 많아져 오히려 백성들의 고통이 더욱 커질 것이다. 그래도 나의 뜻을 꺾으려 하겠는가?"

논리 정연한 이세민의 주장에 신하들은 더 이상 반대하지 못했다. 사실 고구려를 공격할 명분이 없었을 뿐, 고구려를 정복하고자 하는 이세민의 야망은 오래전부터 불타고 있었다. 그는 수나라를 물리친 고구려를 정벌해 자신의 이름을 천하제일로 만들고 싶었다. 또한 고구려를 꺾어 놓지 않으면 언제라도 당나라에 도전해 올까 봐 두려워하고 있었기 때문에 이세민의 고구려 공격은 피해 갈 수 없는 일이기도 했다.

당 태종이 이렇게 고구려를 공격할 준비를 하고 있을 때, 연개소문은 당나라에 보낼 사신을 미리 불러 일러 주었다.

"그대는 이번에 당나라에 가면 도교를 더 널리 퍼뜨리기 위해 도교의 스승을 청한다고 말하시오. 이세민은 도교를 매우 좋아하니 그렇게 말하면 별로 의심하지 않을 것이오. 그러면서 당나라가 무엇을 하고 있는지, 우리나라에 쳐들어올 준비를 하고 있지 않은지 자세히 살펴보고 오시오."

연개소문의 명령을 받은 고구려 사신은 643년 3월에 당나라로 건너갔다. 이세민은 도교를 더 널리 퍼뜨리려 한다는 사신의 말을 듣고 매우 기뻐하며 도교 스승 8명과 경전인 《도덕경》을 고구려에 보내 주었다.

이때 고구려 사신은 당나라를 둘러보면서 이세민이 전쟁 준비를 하고 있다는 사실을 알 수 있었다.

사신은 고구려에 돌아와서 연개소문에게 이 사실을 알렸다.

"지금 당나라는 우리를 치기 위해 철저히 준비하고 있습니다. 준비되고 있는 정도를 보아하니 전쟁을 선포할 날이 머지 않은 듯합니다."

이 말을 듣고 연개소문은 당나라와의 전쟁을 준비하는 일에 더욱 몰두했다.

"전국 각지에서 군사를 뽑도록 하라. 변방의 성곽을 튼튼하게 고치고 군사들은 날마다 훈련에 열중하도록 하라."

이리하여 당나라와 고구려는 피할 수 없는 큰 대결의 시간으로 한발 한발 다가가게 되었다.

당나라와 손잡은 신라

고구려가 당나라에 맞서 싸울 준비를 하고 있을 때 백제와 신라는 치열한 다툼을 벌이고 있었다. 이들의 싸움은 642년 7월 백제가 신라의 40여 개 성을 무너뜨려 차지함으로써 백제에게 유리하게 흘러가고 있었다. 게다가 642년 8월에 백제가 다시 신라의 요새인 대야성(합천)을 점령하면서 신라는 궁지에 몰렸다. 대야성은 무너뜨리기가 매우 어려운 요새로서 이곳을 차지하면 백제가 신라의 경주로 나아가는 길이 열릴 수 있었다.

신라의 선덕여왕[2]은 이 어려운 상황에서 벗어나기 위해 김춘추[3]를 고구려에 사신으로 보냈다.

김춘추는 연개소문 앞에 나아가 말했다.

"백제가 우리의 수많은 성을 빼앗고 세력을 키우고 있으니 고구려가 신라를 도와주시기를 부탁드립니다."

그러자 연개소문이 못마땅한 얼굴로 말했다.

"신라는 지난날 우리가 북방에서 적을 맞아 전쟁을 벌일 때를 노려 우리 땅을 빼앗아 가지 않았느냐? 비겁하게 고구려의 뒤통수를 쳤으면서 이제 와서 도와 달라고 하는가? 신라가 지난날 빼앗아 간 우리 땅을 돌려주면 도와줄 것인데, 그럴 수 있겠는가?"

김춘추는 연개소문의 말에 선뜻 대답하지 못했다. 그런 김춘추를 보고 연개소문은 호통을 쳤다.

"도움을 청할 때는 적어도 옛날의 잘못은 반성해야 하는 것

2. 선덕여왕 (?~647)
신라 제27대 왕(재위 기간 632~647)으로 당나라와 손잡고 고구려, 백제에 맞서 싸웠다.

3. 김춘추 (603~661)
신라 제29대 왕(재위 기간 654~661)인 태종무열왕이다.

이 아니냐? 약삭빠르게 제 이익만 챙기는 신라 놈을 눈 뜨고는 볼 수 없구나. 여봐라, 저놈을 당장 감옥에 처넣어라!"

김춘추는 졸지에 고구려 감옥에 갇혀 목숨을 잃을 판이었다. 감옥에서 두려움에 떨던 김춘추는 연개소문에게 거짓말을 해 위기에서 벗어나고자 했다.

"제가 생각이 짧았습니다. 제가 돌아가서 반드시 고구려 땅을 돌려주도록 할 테니 저를 풀어 주시기 바랍니다."

연개소문은 이 말을 믿지 않았지만 김춘추를 풀어 주었다. 하지만 신라를 도와줄 생각은 없었다. 고구려에게 당장 중요한 것은 당나라와의 전쟁이었기 때문에 백제와 신라의 다툼은 당분간 그냥 지켜보기로 했다.

겨우 목숨을 건지고 신라로 돌아간 김춘추는 선덕여왕 앞에 나아가 말했다.

"아무래도 고구려의 도움을 얻기 어려울 듯하니 당나라의 도움을 구하는 것이 어떨까 합니다. 제가 직접 사신으로 당나라에 갈 것이니 이를 허락해 주십시오."

선덕여왕도 김춘추의 의견을 따랐다. 그래서 김춘추는 643년 9월 당나라로 가서 당 태종 앞에 나아가 말했다.

"저희 임금께서 조공을 바치고자 하나 고구려와 백제가 가로막고 있어 뜻을 이루지 못하고 있습니다. 폐하께서 군사를 보내 도와주시면 신라는 당나라를 따르고 섬길 것이오니 은혜를 베풀어 주십시오."

당 태종이 대답했다.

"과인을 섬기려는 나라는 보호해 줄 것이다. 과인이 그대의 나라를 위해 고구려와 백제를 타이를 것이니 걱정하지 말고 돌아가라."

이렇게 말한 당 태종은 신라와 손잡고 고구려뿐만 아니라 백제까지 정복할 속셈이었다. 연개소문은 이런 당 태종의 속셈을 눈치 채고 백제와 손잡아 이에 맞서려고 했다.

"과연 신라는 약삭빠른 나라구나. 백제와 손잡고 신라를 칠 것이며 당나라에 맞설 것이다."

그러자 이세민은 고구려에 상리현장을 사신으로 보냈다. 상리현장은 거만한 말투로 연개소문에게 말했다.

"신라는 천하의 도리에 따라 우리 황제 폐하를 섬기려는 나라인데, 어찌해 그대의 나라는 이를 방해하고 신라를 공격하는가? 백제도 마찬가지이거니와 고구려가 신라에 대한 공격을 멈추지 않는다면 군사를 출동시켜 벌할 것이니 당장 신라 공격을 멈추도록 하라."

그러자 연개소문이 눈을 부릅뜨고 대답했다.

"신라가 지난날 우리 땅을 빼앗아 갔기에 그 땅을 되찾으려는 것뿐이다. 천하의 도리를 따지는 자가 어찌 이토록 오만하게 남의 나라 일에 간섭하는 것인가? 고구려는 고구려의 뜻대로 행동할 것이며 그 누구에게도 무릎 꿇지 않을 것이다. 그대의 왕에게 돌아가 당나라 일이나 잘 돌보라고 전하라."

고구려에서 돌아온 상리현장이 연개소문의 말을 전하자 이세민은 화가 머리끝까지 치솟았다.

"이런 망나니 같은 놈이 천하에 어디 있겠는가? 내가 직접 군사를 이끌고 당장에 고구려를 치리라. 연개소문을 잡아 죽이고 천하의 도리를 바로잡으리라."

마침내 당나라와 고구려의 전쟁이 시작되었으니 백제는 고구려 편에, 신라는 당나라 편에 서서 운명을 가르는 대결을 펼치게 되었다.

당 태종의 침략과 양만춘의 안시성 싸움

당 태종이 '왕을 죽이고 이웃 나라에 전쟁을 일삼는 연개소문을 응징한다.' 라는 명분을 내걸고 전쟁 준비를 하자 연개소문도 이에 대비했다.

"말갈 군을 포함해 전국에서 20만 명의 정예 병사를 뽑아 준비시키도록 하라. 그 가운데 5만 명은 신라 쪽 변방으로 보내고 나머지 15만 명은 요동과 평양을 지키게 하라."

이때 안시성에는 안시성 성주가 독자적으로 이끄는 군사 3만 명이 있었으므로 고구려의 총 병력은 약 23만 명이었고, 이 가운데에서 약 17만 명이 당나라에 맞서는 병력이었다.

"우리는 성을 지켜 싸울 것이므로 당나라의 100만 대군이 몰려온다고 해도 이 정도면 충분히 막아 낼 수 있다. 다만 당나라 군사가 바다에서 배를 타고 들어와 평양을 칠 수 있으니 왕실은 대동강변의 하평양으로 옮겨야겠다."

연개소문은 보장왕과 왕실 사람들을 하평양으로 옮겨 놓고 당나라의 침략에 대비했다.

마침내 당 태종 이세민은 645년 3월에 총 10만 병력을 동원해 고구려를 침략하기 시작했다. 그 가운데 4만 명은 배 500척을 거느리고 발해를 통해 평양으로 갔으며, 자신은 나머지 6만 명을 직접 이끌고 요수를 건너 육로로 나아갔다. 또한 돌궐 군과 거란 군 수만 명이 동원되었으니 침략군은 약 15만 명에 이르렀다.

당시 당나라의 군사력은 세계에서 가장 강했다. 중국에는 당나라 외에도 한나라, 송나라 등의 한족 통일 왕조가 있었지만 이 가운데에서도 당나라의 군사력이 가장 강했다. 심지어 당나라는 멀리 서역에까지 원정 가서 이름을 떨쳤으며 그 어떤 전쟁에서도 진 적이 거의 없었다.

당나라 군대의 선봉대를 이끈 사람은 이세적이었다. 이세적은 4월에 고구려의 개모성을 공격해 단숨에 무너뜨렸다.

"선봉대가 개모성을 무너뜨렸다. 우리는 비사성을 공격해 점령하자!"

이렇게 외치며 진군한 군대는 수군을 거느리고 평양으로 향한 장량의 4만 군대였다. 장량의 군대는 비사성의 고구려 군과 한 달 동안 치열한 싸움을 벌여 비사성을 무너뜨리고 말았다.

개모성을 무너뜨린 이세적이 향한 곳은 요동성이었다.

"요동성이 위험하다. 신성과 국내성의 4만 병력은 즉시 요동성을 지원하라!"

연개소문은 요동성으로 가는 이세적의 선봉대를 공격하게

했다. 이 싸움에서 고구려 군은 당나라 군사 수천 명을 죽이고 이겼다. 하지만 곧 다시 성으로 돌아가 방어전을 펼쳐야 했으니, 이세민이 직접 이끄는 5만 명의 군대가 도착했기 때문이다.

이때 이세적은 1만 명의 군사를 이끌고 요동성을 공격했다.

이세민은 이 소식을 듣고 말했다.

"수나라 100만 대군도 요동성 하나를 무너뜨리지 못해 물러났다고 했겠다. 요동성은 내가 직접 무너뜨리겠다."

이세민은 자신의 정예 부대 5만 명을 이끌고 직접 요동성을 공격하기 시작했다. 요동성은 겹겹이 포위되었다가 12일 만에 무너지고 말았다.

요동성이 무너지자 이번에는 백암성이 위험해졌다. 백암성을 지키던 손대음은 미리 겁을 집어먹고 이세민에게 항복했다.

"이제 안시성만 점령하면 고구려의 방어선은 다 무너진다. 안시성 성주는 연개소문에게도 반항할 만큼 대단한 인물이니 안시성을 무너뜨리면 고구려 군의 사기는 땅에 떨어질 것이다. 그러면 이 전쟁은 이긴 것이나 다름없다."

이세민의 말대로였다. 요동성까지 무너진 마당에 안시성까지 무너지면 고구려 도성은 완전히 포위되어 공격당할 수 있었다. 이세민은 안시성을 공격하기 위해 10만 명의 군사를 모았다.

연개소문도 안시성 싸움을 매우 중요하게 여겼다.

"요동성이 무너졌으니 안시성을 지키지 못하면 평양이 위험해진다. 안시성 싸움에 이 전쟁의 모든 것이 걸려 있으니 장군 고연수와 고혜진은 15만 명의 군사를 이끌고 가서 안시성 싸움을 돕도록 하시오."

연개소문이 고연수를 보내 안시성 싸움을 돕게 하자 이세민이 부하 장수들에게 물었다.

"고연수는 어떤 장수인가?"

그러자 고구려에 대한 정보를 캐내 준비하고 있던 장수가 말했다.

"고연수는 병법에 밝지 못하고 군사들을 잘 이끌지 못하는 장수입니다. 별로 두려워할 상대가 아닙니다."

이세민이 말했다.

"병법에 어두운 장수일수록 병사의 수만 믿곤 하지. 지금 고연수가 이끄는 병력이 15만 명으로 우리 병력보다 많으니 분명히 군사의 수를 믿고 정면으로 대응하려 할 것이다. 우리 군은 벌판에서 정면으로 싸우는 전투에 뛰어나고, 고구려 군은 산악과 성을 끼고 싸우는 전투에 뛰어나다. 따라서 고연수가 정면으로 덤벼 오면 우리가 크게 이길 것이다."

실제로 고연수는 당나라 군대와 맞싸움을 할 생각이었다. 그러자 전쟁 경험이 많은 부하 장수 고정의가 반대하고 나섰다.

"우리 군사가 수는 많다고 하나 적들은 전투 경험이 많은 정예병입니다. 그들과 벌판에서 정면 싸움을 벌이면 피해만 클 뿐이니 이는 알맞은 전략이 아닙니다. 우리는 방어하면서 시간을 끌어 적을 지치게 만들고, 이때 당나라 군대가 식량을 실어 오는 길을 막고 기습하면 간단하게 이길 수 있습니다."

그러나 고연수는 고정의의 의견을 무시했다.

"무릇 전투는 기병을 보내 상대방의 기를 눌러 놓는 것이 중요하다. 우리는 곧바로 진군해 당나라 군사들의 간담을 서늘하게 해 줄 것이다."

고연수는 안시성에서 40리 떨어진 곳에 진군해 정면 싸움을 준비했다.

이때 이세민은 고연수가 방어만 하면서 진군하지 않을지도 모른다는 생각에 다음과 같은 명령을 내렸다.

"고연수가 비록 병법에 어둡다고는 하나 고구려에는 전쟁 경험이 풍부한 장수들이 많을 것이다. 고구려의 15만 군대가 정면 싸움을 피하고 방어하면서 기습을 일삼는다면 우리는 안시성을 공격할 수 없다. 돌궐 기병 1,000명을 보내 고연수의 군대에 싸움을 걸고 일부러 지게 하라."

이세민은 이렇게 치밀한 사람이었다. 그는 돌궐 기병 1,000명을 보내 고연수의 군대를 정면 싸움으로 유인하려 했다. 이를 알지 못한 고연수는 돌궐 기병 1,000명을 간단히 물리치고 자신감에 부풀어서 말했다.

"적들의 기병을 무찔렀으니 기세 싸움에서 우리가 이겼다. 적은 잔뜩 겁을 먹었을 것이니 이제 벌판으로 나아가 적을 정면으로 맞아 박살 내리라."

그리고 고연수는 안시성 근처 8리 떨어진 곳까지 나아가 진을 쳤다. 그곳은 당나라 군대가 있는 곳에서 그리 멀지 않았다.

이세민은 고연수의 움직임을 보면서 흐뭇하게 웃었다.

'고구려의 수준이 과연 이것밖에 안 되었는가? 고연수는 완전히 내 손안에서 놀고 있지 않은가? 하지만 호랑이는 토끼를 잡을 때에도 최선을 다하는 법이다. 좀 더 완벽한 승리를 위해 고연수에게 속임수를 써야겠다.'

이세민은 이렇게 생각하고는 고연수에게 사람을 보내 다음과 같은 말을 전했다.

"나는 너희 나라의 권력 있는 신하가 임금을 죽인 죄를 묻기 위해 온 것이다. 그러니 우리가 전쟁을 벌이는 것은 본래 뜻한 바가 아니다. 지금 너희 나라에 들어와 말을 먹일 풀과 군사를 먹일 양식이 부족해 몇 개의 성을 빼앗기는 했지만 너희가 신하의 예를 갖춘다면 빼앗은 성은 반드시 돌려줄 것이다."

고연수는 이세민의 말을 전해 듣고 생각했다.

'당나라 군이 나와는 그다지 싸울 뜻이 없는 게로구나.'

그러고는 긴장을 풀고 막을 준비를 별로 하지 않았다. 이세민은 이 기회를 놓치지 않고 그날 밤에 2만 6,000명의 군사로 고구려 군을 기습했다.

당황한 고연수는 곧 병력을 이끌고 나왔는데, 이세민은 고연수가 이끄는 고구려 군을 좁은 계곡 사이로 몰아넣었다. 그리고 계곡을 포위해 사방에서 공격했다. 이 때문에 고구려 군은 혼란에 빠져 우왕좌왕했고, 이 틈을 노려 당나라의 명장 설인귀가 파고들었다.

이 싸움에서 고구려 군은 3만 명이 죽고 고연수와 고혜진은 제대로 싸워 보지 못한 채 병사 3만 6,000명을 이끌고 이세민에게 항복해 버렸다.

이 소식을 듣고 연개소문은 땅을 쳤다.

"고연수 따위에게 군사를 맡긴 내가 어리석었구나. 이제 안시성은 완전히 고립되었으니 이 일을 어찌하면 좋은가? 내가 달려가 싸우고 싶지만 그럴 수도 없으니 큰일이구나. 안시성 성주가 용감하고 지략이 훌륭하니 그를 믿어 볼 밖에 다른 방법이 없구나."

이때 연개소문은 장량의 4만 군대를 상대하고 있었기 때문에 안시성을 도울 수 없었다.

한편 이세민은 고연수마저 항복시키고 기세가 등등했다. 이제 안시성을 무너뜨리는 것은 시간문제라고 여겼다.

본래 이세민은 안시성을 피해 건안성을 치려고 했다.

"안시성 성주는 보통 인물이 아니고 안시성은 요새 가운데 요새다. 수나라의 100만 대군도 요동성 하나를 무너뜨리지 못했으니 괜히 철벽같은 안시성 공격에 힘을 뺄 필요가 있겠는가? 안시성에서 가까운 건안성을 치면 안시성은 자연스럽게 고립되어 식량이 떨어질 것이고, 그러면 스스로 문을 열고 나와 항복할 것이다. 안시성은 피하고 건안성을 치도록 하자."

이 의견에 반대한 사람은 부하 장수 이세적이었다.

"폐하, 그것은 위험을 스스로 불러들이는 일입니다. 건안성은 안시성에 비해 무너뜨리기 쉽지만 안시성을 내버려 두고 건안성을 공격하면, 안시성의 고구려 군이 분명히 뒤를 쳐서 우리의 식량 줄을 끊어 놓을 것입니다. 그러면 우리는 꼼짝없이 포위되어 굶주린 채 적과 싸우게 되니 반드시 안시성부터 무너뜨려야 합니다."

이세민이 그 말을 듣고 고개를 끄덕였다.

"그대의 말이 옳도다. 안시성을 먼저 공격하도록 하라. 하지만 그것이 쉽지 않을 것이니 걱정되는구나."

당시 안시성에는 군사 3만 명과 백성 7만 명이 있었는데, 안시성 성주는 10만 명의 사람들과 똘똘 뭉쳐 맞서 싸울 준비를 하고 있었다.

당나라 장수 이세적이 선봉대를 이끌고 안시성으로 다가가자 안시성에서는 천둥 같은 함성과 함께 화살이 비 오듯 쏟아졌다. 이에 당나라 군대는 아무것도 하지 못하고 물러나야 했다.

화가 난 이세적은 안시성을 향해 소리쳤다.

"성이 무너지는 날 안시성의 남자들은 모두 구덩이에 묻어 버리겠다."

이 말에 안시성의 군사와 백성들은 겁을 먹기는커녕 더욱 힘을 모아 맞서 싸울 의지를 불태웠다.

그 뒤에도 당나라 군의 안시성 공격은 아무런 성과를 올리지 못했다. 이세민은 발을 동동 구르며 소리쳤다.

"사방에서 줄과 사다리를 놓아 성벽을 기어 올라가라. 성벽을 넘기만 하면 이 싸움을 끝낼 수 있다."

하지만 안시성의 군사와 백성들은 당나라 군이 성벽에 줄을 걸면 끊어 버리고 사다리를 걸면 도끼로 찍어 버렸다. 혹시 운 좋게 줄이나 사다리를 타고 당나라 병사가 기어오르면 뜨거운 물을 붓거나 바위를 굴려 떨어뜨렸다. 또한 안시성 성주의 명령에 따라 준비한 고구려 군의 화살이 끝도 없이 쏟아지는 바람에 성벽에 다가가기조차 어려웠다.

그러자 이번에는 이세민이 다른 전술을 썼다.

"돌대포를 쏘아라. 돌대포로 성벽의 약한 부분이 무너지면 그곳으로 넘어가면 된다."

이 명령에 따라 당나라 군은 집채만 한 바위를 기계로 쏘아 댔다. 그러자 성벽의 작은 담이 여기저기에서 무너졌다. 하지만 안시성 성주는 이것에 대해서도 미리 준비했다. 돌대포에 맞아 성벽 일부가 무너지면 미리 만들어 둔 통나무 울타리로 무너진 틈을 막았다.

화가 난 이세민은 또 다른 방법을 썼다.

"안시성이 높다 한들 하늘보다 높겠느냐? 안시성 앞에 흙으로 성을 쌓아라. 안시성보다 더 높은 흙성을 만들어 그 위에서 공격하라."

흙으로 성을 만드는 데에는 무려 50만 명이 동원되었다. 군사들은 물론 백성들까지 모조리 끌어들여 성을 쌓았다. 그리고 60일 만에 성을 완성하자 당나라 군은 안시성보다 두 사람의 키 높이만큼 높은 곳에서 안시성을 들여다볼 수 있었다.

당나라 군은 높은 곳에서 거세게 안시성을 공격했다. 하지만 안시성 성주의 철저한 방어망에 막혀 별다른 성과를 거두지 못했다. 게다가 주변 산에서 너무 많은 흙을 파내는 바람에 산사태가 일어났고, 흙성 일부가 무너졌다.

그 기회를 놓치지 않고 안시성 성주는 밤중에 군사를 내보내 당나라 군이 쌓아 올린 흙성을 빼앗아 버렸다.

상황이 이렇게 되자 당나라 군의 사기는 완전히 땅에 떨어졌다.

"안시성을 무너뜨리는 것은 불가능해."

"고구려 군하고 싸우는 것인지 성벽하고 싸우는 것인지 모르겠어."

"수나라 100만 대군이 왜 고구려 군의 방어에 무너졌는지 알 것 같아."

당나라 병사들은 저마다 한숨을 쉬며 싸울 뜻을 잃어 가고 있었다. 그도 그럴 것이 당나라 군은 처음에 개모성과 비사성 그리고 요동성까지 단숨에 무너뜨린 것과는 달리 안시성 싸움에서만 5개월을 보내고 있었던 것이다. 게다가 겨울이 다가오면서 날씨까지 추워졌다. 추위가 닥치면 말을 먹일 풀도 없어지고 멀리 당나라에서 식량을 실어 오기도 어려워질 것이었다.

이세민은 수나라 100만 대군의 비참한 최후를 떠올리면서 서둘러 당나라로 돌아가기로 했다.

"이번 전쟁은 여기에서 포기한다. 군사를 돌려 장안으로 가자."

안시성 전투 상상도

안시성에서 치열했던 전투 모습을 실감 나게 그린 기록화다.

전쟁기념관 소장

추위가 닥치기 전에 돌아가야 그나마 피해를 줄일 수 있을 것이다."

안시성 싸움에서 지고 물러나는 당나라 군의 모습은 참으로 초라했다. 군사들은 추위와 배고픔에 지쳐 허덕였다. 이들이 돌아가는 길에는 넓은 늪지대가 있었는데, 수레와 말은 모두 늪에 빠져 오도 가도 못했고 천하를 호령하던 이세민의 꼴도 말이 아니었다.

결국 세계 최강의 당나라 군이 고구려 정벌에 실패한 것이다. 이로써 중국은 수나라에 이어 당나라까지 최강의 통일 왕조로 일컬어지는 나라들이 모두 고구려에 진 셈이다.

중국을 통일하고 천하를 호령하던 이세민을 비참하게 만든 안시성 성주의 이름은 안타깝게도 역사 기록에 남아 있지 않다. 다만 조선시대의 학자 송준길과 박지원이 이 성주의 이름을 '양만춘'이라고 밝히고 있다. 또한 고려 말의 학자 이색과 이곡은 당 태종 이세민이 안시성 싸움에서 눈에 화살을 맞아 큰 부상을 입었다고 전했으나 확실하게 밝혀진 사실은 아니다.

그 뒤에도 이세민은 고구려에 진 치욕을 잊지 못하고 1만 명이 안 되는 적은 병력으로 여러 차례 고구려를 공격했다. 648년 1월에는 군사 3만 명으로 평양을 치게 했지만 아무런 성과도 올리지 못했다. 649년에는 30만 병력을 동원해 고구려를 치려 했으나 뜻을 이루지 못했다. 그리고 649년 4월에 목숨을 거두면서 다음과 같은 유언을 남겼다.

"다시는 고구려를 정벌하려 하지 마라."

그리하여 당나라와 고구려 사이에는 한동안 전쟁이 일어나지 않았다.

권력 다툼으로 멸망하는 고구려

당나라의 침략을 막아 낸 고구려는 이제 마음 놓고 신라를 공격했다. 655년 1월에는 고구려 군과 백제 군이 신라를 함께 공격해 신라의 23개 성을 빼앗았다. 그러자 신라의 무열왕은 당나라에 사신을 보내 도움을 요청했다.

신라의 요청을 받은 당나라는 그해 2월에 정명진과 소정방을 앞세워 고구려를 공격했다. 이들은 그해 5월에 요수를 건너 고구려 군과 전투를 벌였으나 지고 말았다. 658년에 다시 정명진과 설인귀가 군사를 이끌고 고구려를 쳐들어왔으나 이들 또한 크게 지고 돌아갔다.

그 뒤 당나라는 659년 11월에 설인귀를 앞세워 다시 고구려를 침략했으며, 이듬해 6월에는 소정방이 군사 13만 명을 거느리고 신라와 함께 백제 공격에 나섰다.

"백제 의자왕이 나당 연합군에 항복했다고 합니다."

백제가 무너졌다는 소식을 들은 연개소문은 흔들림 없이 말했다.

"당나라가 신라 군까지 이끌고 우리를 치려 할 것이다. 우리는 적을 앉아서 기다리지 않는다. 먼저 신라를 공격하라."

백제가 무너지자 고구려는 오히려 신라의 칠중성을 공격했다. 그러자 소정방이 이끄는 나당 연합군은 대동강의 하평양 쪽으로 나아갔고 당 고종이 보낸 4만 4,000명의 군사들은 고구려의 대륙 쪽 변방을 공격했다. 하지만 고구려는 이들을 모두 물리쳤다.

당나라에서는 고구려 공격에 한 번도 성공하지 못하자 고구려와의 전쟁을 멈추어야 한다는 주장이 터져 나왔다.

"고구려와 무리한 전쟁을 벌이는 것은 나라에 이롭지 못합니다. 전쟁을 멈추어야 합니다."

"태종(이세민)께서도 나라를 걱정하시어 고구려 정벌을 하지 말라고 하셨습니다. 그 뜻을 헤아려 주십시오."

신하들의 말에 당 고종도 주춤할 수밖에 없었다.

"고구려 따위에게 쩔쩔매다니! 참으로 애통하도다."

당 고종은 잠시 고구려 공격을 멈추었다. 하지만 몇 달 지나지 않아 다시 소정방에게 10만 명의 군사를 주어 배를 타고 대동강으로 들어가 하평양을 치게 하고, 육지 쪽으로도 군사를 보냈다. 하지만 모두 고구려 군에게 지고 말았다.

665년 1월에는 방효태가 이끄는 당나라 군이 쳐들어왔지만 연개소문은 직접 군사를 이끌고 나아가 방효태와 그의 아들 열세 명을 죽이며 당나라 군을 전멸시켰다.

고구려가 이렇게 당나라 군의 침략을 맞아 모조리 물리치며 승승장구한 데에는 연개소문의 역할이 절대적이었다. 연개소문은 모든 군사와 조정 신하, 백성들까지 하나로 뭉치게 해 당나라와의 전쟁에서 한 번도 지지 않았던 것이다.

하지만 666년에 연개소문이 숨을 거두면서 상황은 달라졌다. 모든 권력을 쥐고 있던 연개소문이 세상을 떠나자 그의 아들들 사이에 권력 다툼이 벌어진 것이다.

연개소문이 세상을 떠나자 그의 맏아들 남생이 막리지에 올라 권력을 틀어쥐었다. 그러자 남생의 동생 남건과 남산은 남생이 자기들을 죽이려 한다고 의심했고, 남생은 동생들이 자신을 죽이려 한다고 의심했다.

그러던 중 남건과 남산은 남생이 변방을 둘러보고 있을 때 왕의 명령이라며 남생을 불러들였다. 남건과 남산은 이때 이미 남생을 따르는 신하들을 죽인 뒤였다.

'남건과 남산이 조정을 손에 쥐고 나를 죽이려 하는 것이 아닌가? 그리 될 바에야 차라리 당나라로 도망가겠다.'

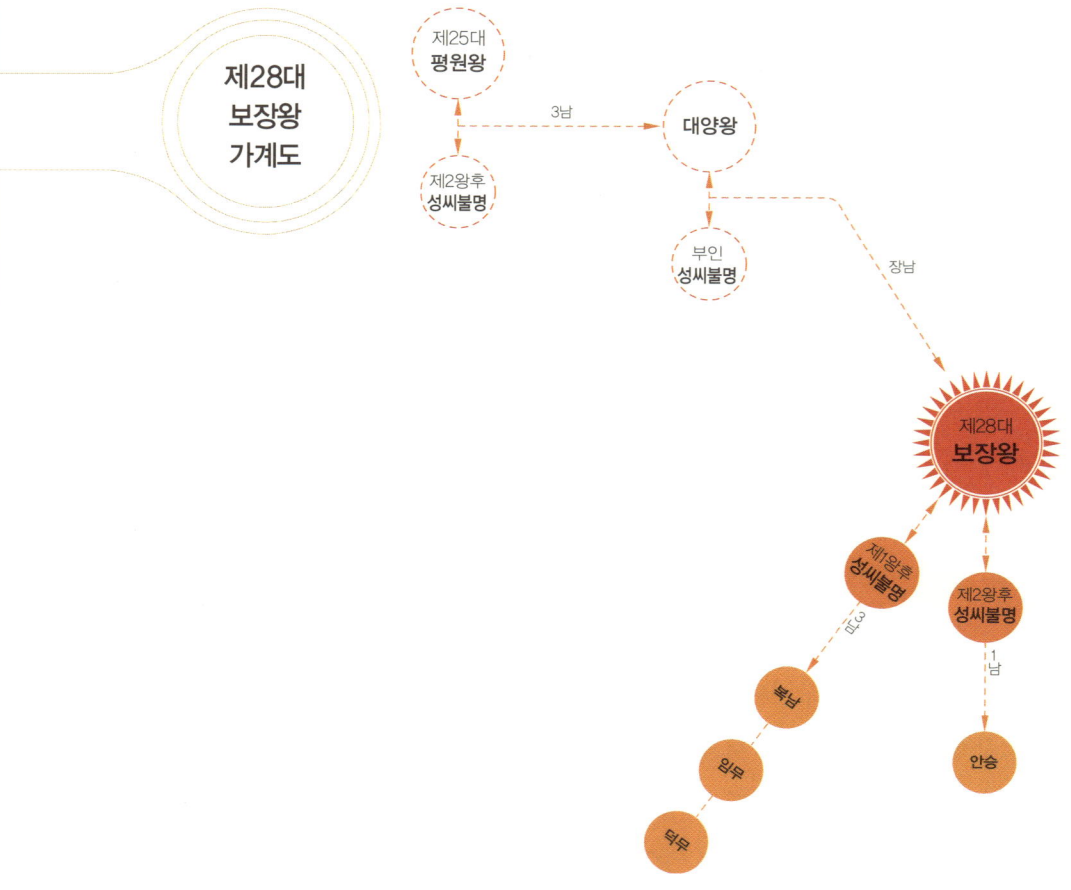

  남생은 이렇게 생각하고 당나라로 도망가 항복했다. 이에 보장왕은 남건을 막리지로 삼았으나 이미 고구려 조정은 많은 신하들이 죽어서 어수선했다. 백성들이 남건 형제에게서 등을 돌린 지 오래였다.
  "100번을 두들겨도 무너지지 않던 고구려가 스스로 무너지는구나. 남생의 군사를 앞세워 고구려를 공격하라."
  당 고종은 이 기회를 놓치지 않고 남생을 앞세워 대군을 보내 고구려를 치게 했다. 상황이 이렇게 되자 한반도 쪽을 관리하고 있던 연개소문의 동생 연정토는 12개 성을 바치며 신라에 항복해 버렸다.

남건은 연정토의 행동에 매우 당황했다. 그리고 667년 9월에 당나라 군은 신성 가까이에 있는 16개 성을 무너뜨리고 다시 남소, 목저, 창암 등을 점령했다. 거칠 것 없이 진군한 당나라 군은 곧 부여성과 그 주변의 40여 성을 차지했으며, 668년 9월에는 보장왕이 머무르던 하평양성을 무너뜨렸다.

이에 따라 보장왕은 당나라에 항복했고 남건, 남산 등과 함께 당나라 장안으로 끌려갔다. 왕이 항복한 뒤에도 고구려 군사들은 계속 저항했으나 힘에 부쳤다. 끝까지 저항하던 안시성은 671년에 무너졌으며 672년 5월에는 곳곳에서 당나라에 맞서던 고구려의 나머지 병력이 대부분 신라에 항복했다.

"900년 역사를 가진 고구려를 마침내 내가 굴복시켰도다."

당 고종이 이렇게 기뻐하며 외친 것처럼 고구려는 동명성왕 이전의 구려국 시절까지 포함한 900년의 역사를 마치게 되었다.

그 뒤 보장왕은 당나라의 배려로 안동도호부를 다스리다가 677년에는 요동도독조선군왕에 임명되어 요동에 머물렀다. 그는 이때 고구려의 부활을 노리며 말갈과 함께 군사를 일으키려 하다가 들켜서 681년에 앙주(지금의 사천성 공주)에 유배되었다. 그리고 682년에 그곳에서 세상을 떠났다.

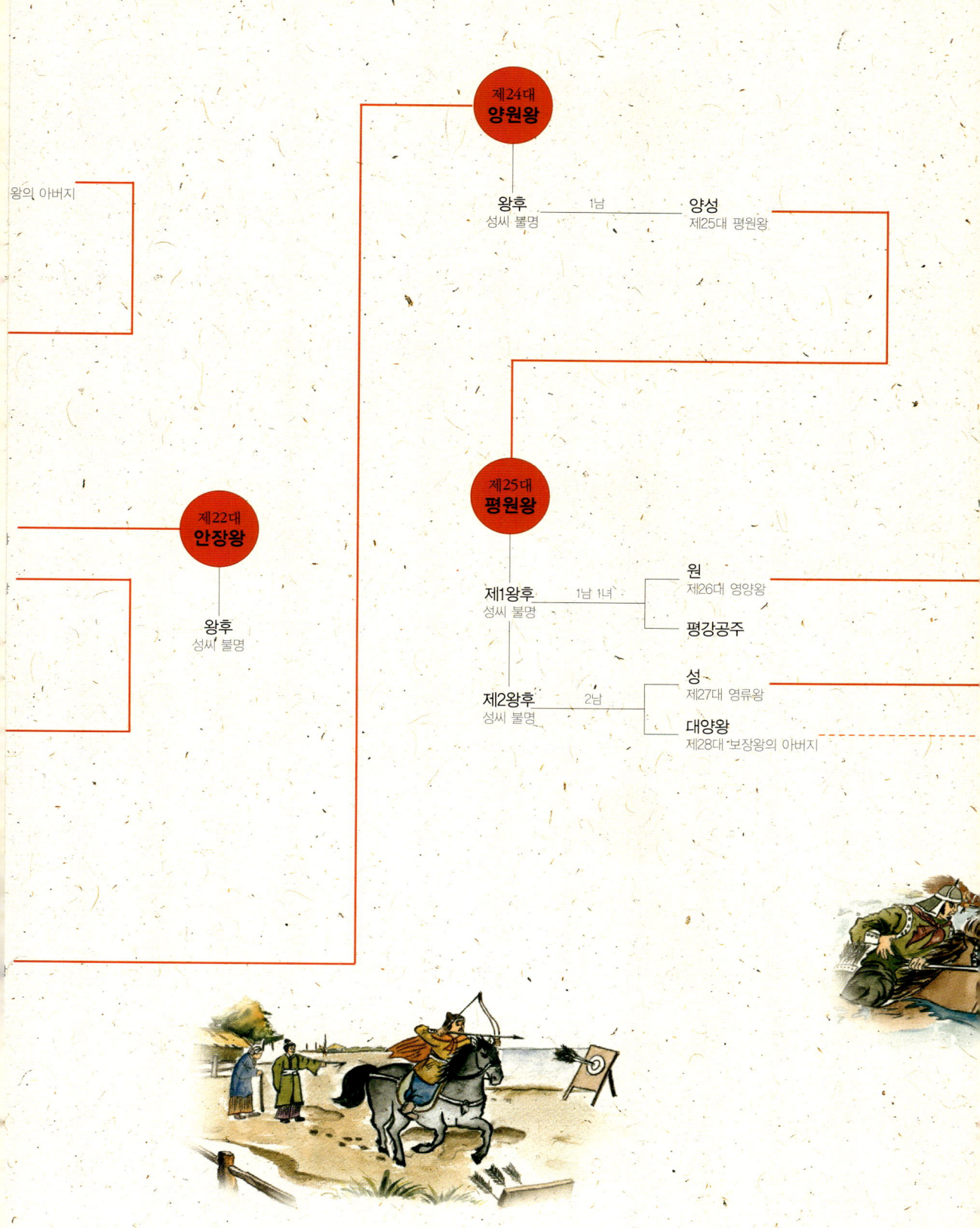

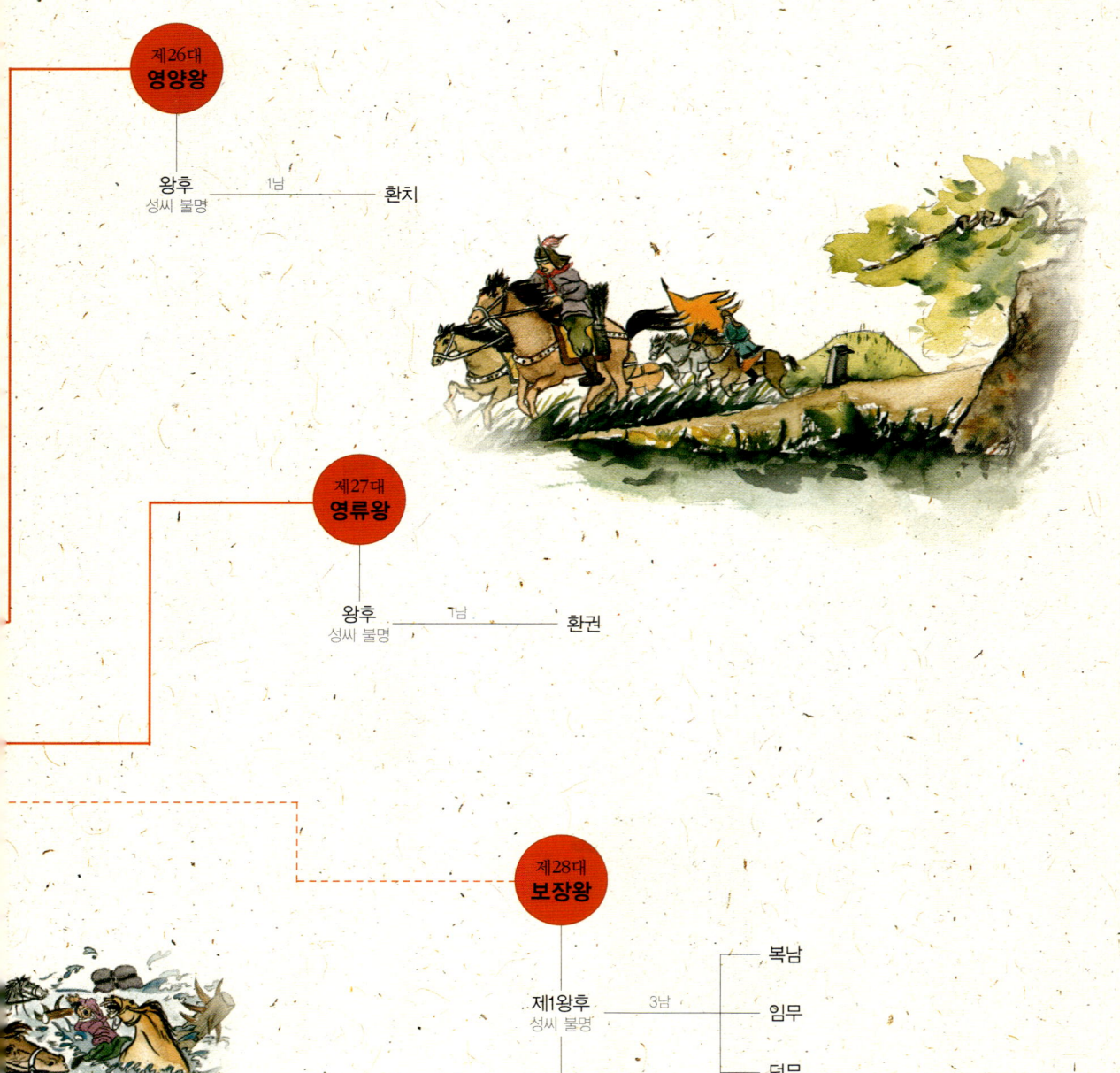

- 제26대 **영양왕**
  - 왕후 (성씨 불명) —1남— 환치

- 제27대 **영류왕**
  - 왕후 (성씨 불명) —1남— 환권

- 제28대 **보장왕**
  - 제1왕후 (성씨 불명) —3남— 복남 / 임무 / 덕무
  - 제2왕후 (성씨 불명) —1남— 안승